삶의 방향과 속도를 조절하는 책

Life control book

삶의 방향과 속도를
조절하는 책

서동식 지음

함께
BOOKS

congtents

　사람의 인생은 마치 망망대해를 항해하는 배와 같다는 생각을 할 때가 있습니다. 항해하는 배가 끊임없이 닥쳐오는 파도와 강한 비바람과 온갖 장애물을 넘으며 목적지를 향해 앞으로 나아가듯이 사람의 일생 또한 생명이 다하는 그 날까지 수많은 문제를 풀어내며 나아가야 하죠.

　또한 사람의 인생이란 참으로 묘한 면이 있는 것 같습니다. 계획에 따라 순조롭게 흘러가는듯하여 잠시 한눈을 팔면 엉뚱한 장소에 내려놓아서 당황스러울 때가 있죠. 때로는 전혀 기대하지 않은 일이 세상의 흐름과 시기적으로 부합하여 예상치 못한 기회가 찾아오기도 합니다. 때문에 웃어야 할 때와 울어야 할 때를 구분하기가 참 어렵습니다. 그렇기에 인생은 살아볼만 하다는 여유를 가져보세요.

여유가 있는 삶을 유지하기 위해서는 삶의 방향이 자신의 계획과 맞아야하고 적당한 속도를 꾸준히 유지해야 합니다. 삶의 방향과 속도가 자신의 계획과 일치하지 않아서 균형 잡기가 힘들다는 것을 느낀다면 방향과 속도를 성공인생 계획표에 맞추어 조절할 필요가 있습니다.

성공인생은 과연 어떤 인생일까요?

각자 나름대로의 상황과 생각에 따라 성공인생의 기준이 다를 수 있겠지만 저는 열렬히 사랑하고 열정적인 삶을 산 사람의 인생이 성공인생이라고 생각합니다. 당신이 생각하는 성공인생은 무엇입니까?

불확실한 미래를 스스로 개척하며 살아가야 하는 나 자신이 간혹 삶이 혼란스럽다는 생각이 들 때 또는 매우 중요한 선택을 해야 할 때 나 스스로에게 혼잣말로 하는 말이지만 같은 시기의 세상을 살아가는 당신에게도 필요하지 않을까 하는 생각에 소개합니다.

"나에게 주어진 인생이라는 기회를 허공에 날려버리는 우를 범하지 말자."

당신의 사랑, 당신의 꿈을 위해 인생이라는 기회를 남김없이 사용하세요. 인생이라는 기회를 온전히 활용한 사람의 인생은 완전 연소한 불꽃처럼 후회를 남길 일조차 크지 않을 것입니다. 당신에게 주어진 인생이라는 기회를 허공에 날려버리는 우를 범하지 마세요. 당신은 부디 인생을 마음껏, 정성껏 즐기길 바랍니다.

chapter 1

가장 큰 모험은
꿈꾸는 삶에
도전하는 것이다

기회는 지금뿐

    다음 생(生)은 없습니다. 더 많이 웃고 더 많이 사랑하고 세상의 온갖 아름다움을 구경하고 행복한 세상을 실현하는 일은 지금 당신이 살고 있는 삶에서 해야 할 일입니다. 자신의 꿈을 성취하고, 세상의 유익함에 기여하는 일 또한 기회는 오직 지금뿐입니다.

    다음 생(生), 다음 기회, 다음번에 어떻게 하겠다는 말들은 모두 무의미하고 공허한 말뿐이라는 것을 명심하세요. 당신에게 주어진 총알은 오직 한 발뿐입니다. 두려워하지 말고 원하는 목표물을 향해 방아쇠를 당기세요. 바로 지금, 당신의 인생에서 당기세요.

有才無不適 行矣莫徒勞(유재무부적 행의막도로)

재주가 있으면 살아갈 수 있으니

괜한 걱정 말고 길을 떠나시오.

세상의 어려움을 탓하지 마세요.

스스로를 믿고 당신의 꿈을 세상에 펼쳐보세요.

실패가 아니라 분기점

꿈을 향한 여정에서 혼신의 노력을 하였지만 자신이 원하는 결과를 얻지 못한 사람의 마음은 참담할 것입니다. 때문에 의욕을 잃고 좌절감에 괴로워하다 결국 자신이 희망하던 그 꿈을 포기하기도 하죠. 하지만 지금의 실패는 다시 일어설 수 있는 분기점이 될 수 있음을 기억하세요. 잠시 문이 잠겨 있기 때문에 기다려야 할 시간이 필요하거나 혹은 새로운 문이 열릴 수도 있습니다.

기대하고 있는 기회의 문이 열리지 않을 때, 모든 가능성을 염두에 두고 자기의 주변을 점검하세요. 어쩌면 당신이 무심코 지나쳐 버린, 당신을 기다리는 희망상자를 발견할 수 있을 것입니다. 신(神)은 한 쪽 문을 닫으실 때, 한 쪽 문을 열어놓으신다는 것을 기억하세요.

坐而待亡 孰與伐之(좌이대망 숙여벌지)

가만히 앉아서 멸망을 기다리는 것과 적을 치는 것,

어느 쪽을 택하겠는가?

실패에 굴복하면

돌이킬 수 없는 더 큰 위기를 맞이할 수밖에 없습니다.

그것을 극복해야 비로소 또 다른 기회를 찾을 수 있습니다.

현명해진다는 것

많은 경험과 지식을 쌓았다고 해서 반드시 현명한 사람이라고 단정 지을 수는 없습니다. 물론 경험과 지식은 세상을 대하는 시야를 넓혀줍니다. 그렇지만 그 넓어진 시야로 세상을 유익하게 하는 일에 사용하지 않고 쾌락과 위험을 초래하는 일에 그것이 쓰인다면, 그러한 경험과 지식은 차라리 없는 것만 못할 것입니다. 또한 용기가 뒷받침되지 않는 현명함은 진정한 현명함이라 할 수 없습니다. 아무런 위험도 감수하지 않으려 하고 어떤 도전도 하지 않으려는 지혜를 어찌 유용한 지혜라고 할 수 있을까요?

진정 현명해진다는 것은 위험을 피하는 것이 아니라 위험을 넘어설 수 있는 돌파구를 찾아내는 것입니다.

功崇惟志 業廣惟勤(공숭유지 업광유근)

공적이 높은 것은 의지 때문이고

사업이 넓은 것은 부지런함 때문이다.

성공은 근면함과 강한 의지가 쌓여 이루어지는 결과물입니다.

당신은 경험과 지식을 쌓은 겁쟁이가 아닌

세상에 빛이 되고 새로운 세계를 개척할만한

지혜와 용기를 갖춘 사람이 되세요.

절대 배신해서는 안 될 사람

아무도 당신을 믿어 주지 않을지라도 당신만은 자신을 믿어야 합니다. 아무도 당신의 가능성을 알아주지 않아도 당신만큼은 자신의 가능성을 알아주어야 합니다. 아무도 당신에게 하는 일이 잘 될 거라고 말해주지 않아도 당신만큼은 모든 일이 잘 될 거라고 말해 주어야 합니다. 세상 모든 사람이 당신에게서 등을 돌려도 당신만큼은 자신에게서 등을 돌려서는 안 됩니다.

당신만큼은 언제까지나 스스로를 믿고 지켜주어야 합니다. 당신은 이 세상 마지막 날까지 당신을 지켜야하는 유일한 사람이니까요.

自罔曰不克(자망왈불극)

스스로 잘하지 못한다고 말하지 말라.

당신이 선택한 일에 대해서는

당신이 할 수 있는 모든 노력을 다 쏟아 부어야 합니다.

그것이 당신과 당신을 사랑하는 사람들에 대한 예의입니다.

당신을 향해서 기회가 오고 있다

기회는 분명히 올 것입니다. 하지만 문제는 그 기회가 당신도 모르게 순식간에 지나가 버릴 수 있다는 것이죠. 많은 사람들이 기다리는 것을 참지 못해서 자신에게 찾아온 기회를 놓칩니다. 그들이 실패하는 이유는, 준비하고 기다리는 시간만큼 손해를 보고 있는 것 같은 착각 때문에 원하지도 않는 일을 하며 한 눈을 팔고 있기 때문이죠.

충분한 준비가 되어 있지 않은 상태에서의 기회는 인생을 망치게 하는 독이 될 수 있습니다. 준비하고 기다리는 시간이 길고 지루하게 느낄 수 있겠지만, 그럴지라도 모자라지 않게 충분히 넉넉하게 준비하세요, 지금 당신을 향해서 당신을 위한 기회가 오고 있습니다.

丈夫會應有知己 世上悠悠安足論
(장부회응유지기 세상유유안족론)

사람은 언젠가 자기의 뜻을 알아보는 사람을 만난다.
세상의 평가 따위에 괜한 마음을 쓰지 말라.

세상의 평가와 기준에 마음이 약해지면 안 됩니다.

스스로에 대한 믿음과 신념이 중요하죠.

당신의 의지로 당신의 꿈을 실현시키세요.

쇠사슬을 끊어라

코끼리 조련사들은 코끼리를 조련시키기 위해 어린새끼 코끼리의 다리에 무거운 쇠사슬을 매달아 말뚝에 묶어놓습니다. 그렇게 묶인 상태에서 성장한 코끼리는 쇠사슬을 풀어놓아도 조련사의 명령 없이는 스스로 행동하지 못하게 되죠. 조련사들이 평범한 줄을 이용해서 몸집이 큰 코끼리를 마음대로 조종하는 이유입니다.

벼룩의 몸길이는 1~2mm입니다. 벼룩은 자기 몸길이의 100배 이상인 30cm를 뛸 수 있으며 연속적으로 600회 이상을 뛸 수 있습니다. 하지만 위가 막힌 유리통 속에 가두어 두면 벼룩은 자신의 능력을 까맣게 잊어버립니다. 그래서 유리통 높이만큼만 뛰게 되죠. 그것이 자기 능력의 한계라고 인식하게 됩니다. 무기력이 학습화된 것이죠.

당신에게도 어쩌면 학습된 무기력이 있을지도 모릅니다. 실제 자기 능력보다 더 강하고 더 높이 뛰어오를 수 있음에도 과거의 경험에 묶여 제대로 힘을 발휘하지 못하고 있지는 않습니까?

힘을 내세요. 어쩌면 자신도 모르게 학습된 무기력의 사슬을 끊어낼 수 있도록 다시 한 번 힘을 내세요.

屨校滅趾(구교멸지)

발에 족쇄가 채워져 있을지라도 발등이 보이지 않도록 한다.

자신의 단점을 깨닫고 그것을 극복하면

오히려 기회가 될 수 있습니다.

학력의 모자람을 깨달으면 배움의 필요성을 알고,

몸의 약함을 깨달으면 운동으로 남들이 부러워할 만큼의

멋진 몸매의 소유자가 될 수 있으며,

가난을 극복함으로써 부자가 될 수 있습니다.

멈출 수 있는 순간은 없다

무엇을 배우고자 할 때 일정 수준에 도달하고 나면 더 이상 노력할 필요가 없다고 생각될 때가 있습니다. 자신이 그 수준을 유지하고 있는 한 자신의 실력은 퇴보하지 않는다고 생각하는 것이죠. 물론 그 생각은 어느 정도 맞는 생각일 수도 있습니다. 다만 다른 사람들의 실력이 달라지고 있다는 것을 생각하지 않았을 뿐이죠. 실력이란 상대적인 것입니다. 내 실력은 내 노력으로 컨트롤 할 수 있지만 다른 사람의 실력까지 컨트롤 할 수는 없습니다. 당신이 멈춰 있는 순간, 다른 사람들이 성장한다면 당신은 퇴보한 것입니다. 때문에 노력을 멈추어야 할 때는 없습니다.

노력을 멈추지 마세요. 계속 성장하세요. 당신의 성장이 당신의 인생에서 가장 큰 즐거움이 되도록 하세요.

怵惕惟厲(출척유려)

두려워하고 위태롭게 여겨라.

자신의 한계를 스스로 점검하고

부족한 것은 향상시키기 위해 노력해야 합니다.

항상 뜨거운 열정의 피가 당신의 온 몸을 돌고 있어야 합니다.

자신을 불쌍하게 생각하지 말라

자존감이 낮은 사람은 자기연민에 빠져 스스로를 불쌍하게 여기고 심지어 다른 사람들이 자신을 불쌍하게 봐주기를 바라기도 합니다. 하지만 안타깝게도 그런 사람에게 사랑과 배려를 베풀 사람은 없습니다. 누구도 자존감 낮은 사람을 좋게 생각할 사람은 없으니까요.

어떤 상황에 처해 있든 다른 사람에게 자신을 불쌍하게 보이도록 하지 마세요. 다른 사람들이 자신의 어려움을 알아주고 배려해 줄 것이라는 기대도 하지 마세요. 그런 마음은 당신을 더욱 나약하게 만들고 정말로 보잘 것 없는 사람으로 만들 수 있습니다.

困而不失其所亨 其唯君子乎

(곤이불실기소형 기유군자호)

힘들지라도 당당한 태도를 잃지 않으니 그는 역시 군자일 것이다.

시련 앞에서도 자기다움을 잃어서는 안 됩니다.

곤궁할지라도 다시 기회를 찾는 사람이 되세요.

과거를 대하는 태도

사람은 누구나 끊임없이 과거를 쌓아갑니다. 과거 속에는 간직하고 싶은 기쁜 일도 있지만 다시는 생각하기도 싫고, 잊고 싶은 기억도 있습니다.

가슴속에 두고두고 후회의 여운을 남기는 잘못된 선택, 가슴 아픈 상처를 입은 기억, 누군가의 가슴에 상처를 준 기억은 마치 없었던 일처럼 지워버리고 싶지만 이미 일어난 과거의 기억은 지울 수도, 없애버릴 수도 없죠. 도망갈 수 없고 지울 수도 없는 것이라면, 바꿀 수 있는 것은 과거를 대하는 당신의 태도입니다. 가슴에 남아있는 그 기억 때문에 스스로를 외롭게 하지 마세요. 아픈 과거를 긍정적으로 바라보고 지나버린 일에서 깨달음을 얻으세요.

大人虎變(대인호변)

큰 사람은 호랑이처럼 돌변하여 개혁한다.

발전이 없다면 퇴보하는 사람입니다.

어제의 당신보다 오늘의 당신은

좀 더 지혜롭고 발전된 사람임을 세상에 증명하세요.

세상엔 당신이 필요하다

존재이유가 없는 생명은 없습니다. 세상의 모든 생명은 반드시 존재해야만 하는 이유가 있습니다. 스스로 부족해 보이고 세상이 자신을 필요치 않는다고 생각해서 존재가치가 없어지는 것은 아닙니다. 분명한 사실은 세상은 당신을 필요로 하며 당신은 세상에 꼭 필요한 존재라는 것입니다. 그렇다면 당신이 왜 이 세상에 존재하는지, 이 세상에서 해야 할 일이 무엇인지, 찾아내야할 책임은 당신에게 있습니다. 그것을 찾는 과정에서 당신의 존재의미와 삶의 길을 찾을 수 있을 것입니다.

樂天知命 故不憂(낙천지명 고불우)

하늘의 사명을 깨닫고 삶을 즐거워하면 근심하지 않는다.

행복한 사람은 자신의 삶에 감사하며 살아가는 사람입니다.

왜냐하면 그는 자신의 사명을 깨닫고

인생을 근면하게 살아가기에 근심걱정이 없기 때문입니다.

몸처럼 마음도 돌보라

　사람들은 몸의 건강 상태는 예민하게 반응하면서도 마음의 건강은 좀처럼 신경을 쓰지 않는 경향이 있습니다. 마음은 마치 간과 같아서 어지간해서는 통증을 잘 느낄 수 없기 때문입니다. 그렇기에 더욱 세심하게 살피고 돌보아야 하죠. 수시로 자신에게 상처를 받으면 괜찮다고 말해주고, 약해지면 할 수 있다고 자신감을 주고, 실수하면 다음번엔 더 잘할 수 있다고 용기를 주세요. 당신의 마음 역시 당신의 사랑을 받기를 원합니다.

一人奮死 可以對十(일인분사 가이대십)

한 사람의 비장한 전사는

열 명의 적에 대항할 수 있다.

인생의 승부는 마음가짐의 싸움입니다.

성공은 '꼭 해내고야 말겠다.'는

비장한 마음가짐으로부터 시작됩니다.

약점마저 사랑하라

자신의 어떤 부분에 대해서 스스로 만족하지 않는 것이 있을 수 있습니다.

'나는 나의 이런 부분이 정말 마음에 안 들어.', '내게 이것만 없었으면 내 인생이 잘 풀렸을 텐데.'

당신은 마음에 들지 않는 자신의 어떤 모습을 바꾸기 위해 노력한 적이 있습니까?

누구나 부담스럽게 느끼는 자신의 약점을 스스로의 노력으로 바꿀 수 있습니다. 심지어 마음에 들지 않는 외적인 모습은 현대의학의 도움으로 물리적으로 바꿀 수도 있죠. 하지만 무엇보다 중요한 것은, 자신을 가꾸고 발전시키려는 스스로의 긍정적인 노력입니다.

어떤 약점 때문에 절대 기죽지 마세요. 그리고 약점을 핑계로 자신의 부족함을 변명하지 마세요. 당신스스로 자신의 약점을 어루만져주고 사랑해 주세요. 자신의 약점마저 사랑할 수 있을 때, 진정 당신스스로를 사랑할 수 있을 것입니다.

虛則知實之情 靜則知動之正(허즉지실지정 정즉지동지정)

마음을 비우면 자신의 실정을 알 수 있고,

조용히 자신을 돌아보면 스스로 행실을 파악할 수 있다.

물러서서 객관적으로 자신을 바라보면

당신의 진정한 모습이 보일 것입니다.

불필요한 일에 시간을 낭비하지 말라

누군가를 미워하는 것은 아주 많은 에너지를 소모하는 일입니다. 누군가를 미워한다고 해서 자신이 행복해지지도 않을 것인데, 우리는 많은 에너지와 시간을 누군가를 미워하고 원망하는 불필요한 일에 낭비합니다.

당신에게 좌절감을 안겨준 그 누군가를 미워하지도 원망하지도 마세요. 당신에게 주어진 소중한 시간을 그렇게 보내는 것은 귀중한 삶의 낭비고 당신인생의 사치니까요.

당신은 오로지 당신만의 꿈을 위해서, 당신만의 행복을 위해서 당신께 주어진 귀중한 시간을 사용하세요.

冬日之閉凍也不固 則春夏之長草木也不茂
(동일지폐동야불고 즉춘하지장초목야불무)

겨울에 얼음이 단단하게 얼지 않으면
봄여름에 초목이 무성하지 못하다.

당신에게 주어진 시간을 헛되게 보내지 마세요.

짜임새 있고 단단하게 그 시간을 활용하세요.

그런 후에 당신의 인생은 풍성해질 것입니다.

지나버린 기회는 돌아오지 않는다

당신에게 찾아온 기회를 스스로 포기해 버린 순간, 그 소중한 기회는 당신의 인생에서 사라져 버린 것과 같습니다. 놓쳐 버린 시간, 포기해버린 기회, 당신의 곁을 떠난 사람들은 다시 돌아오지 않을 것입니다.

더 이상 아쉬운 마음으로 뒤를 돌아보지 마세요. 과거에 대한 미련은 인생에 아무런 도움이 되지 않을 테니까요. 이제부터 당신이 집중해야 할 일은 돌이킬 수 없는 과거가 아니라 또다시 당신 앞에 나타날 기회를 다시는 놓치면 안 된다는 것임을 명심하세요.

遠水不救近火也(원수불구근화야)

먼 곳의 물로는 가까운 곳의 불을 끌 수 없다.

당신은 언제나 지금의 시간에 주목해야 합니다.

오늘이 지나면 당신을 믿고 찾아왔던 기회가 떠날 수도 있습니다.

자존감의 성을 세워라

숨기고 싶은 약점이 있나요?

당신의 약점이 무엇인지는 알 수 없지만 당신은 그 약점 때문에 사람들에게 무시당하고 바보취급을 당했을 수도 있습니다. 그들의 말, 그들의 눈빛 때문에 당신은 마음에 상처를 받았고 스스로의 가능성을 의심하게 되었겠지만, 안타깝게도 그들의 잔인한 말과 눈빛을 멈출 방법이 당신에게는 없습니다.

당신이 할 수 있는 최선의 일은 스스로 자존감의 성을 세우는 것입니다. 그 어떤 공격에도 자신의 마음을 굳게 지킬 수 있을 만큼 높고 튼튼한 자존감의 성을 세우세요. 당신이 세운 자존감의 성이 당신의 자존심을 지켜줄 것입니다.

小逆在心 而久福在國(소역재심 이구복재국)

잠시 노여움을 참으면

복이 충만한 나라에 있는 것과 같다.

당신의 자존심을 상하게 하는 말을 들을지라도

그것을 교훈으로 삼을 수 있다면,

그것이 당신의 자존감의 성을 세우는 것입니다.

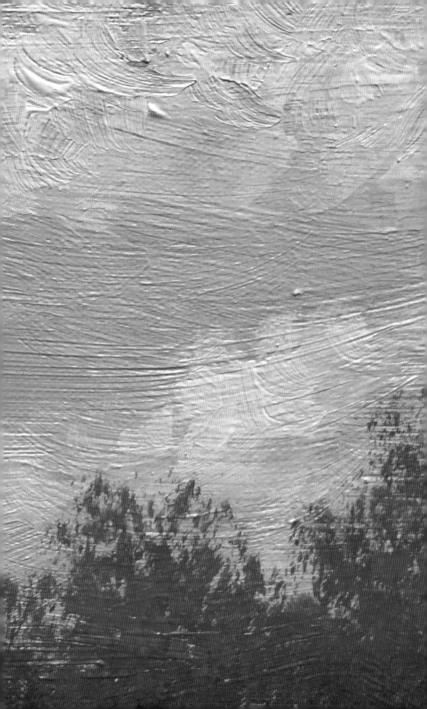

chapter 2

인내하는 사람만이
그것을 소유할 것이다

포기할 순간

배워야 할 것을 다 배웠나요?

할 수 있는 모든 것을 다 했나요?

설득해 볼 수 있는 사람을 모두 설득해 보았나요?

아직 그것을 모두 시도해보지 않았다면 아직 포기할 순간이 아닙니다.

당신이 진정으로 포기할 순간은 더 이상 할 수 있는 것이 아무것도 없을 때, 더 배워야 할 것이 없을 때, 설득할 수 있는 사람이 아무도 없을 때뿐입니다.

아직 배워야 할 것이 남았다면 더 배우세요. 아직 할 수 있는 것이 남아 있다면 그것을 시도하세요. 아직 설득해 볼 수 있는 사람이 남아 있다면 그를 설득하세요. 지금은 당신이 운명에 무릎 꿇을 때가 아닙니다.

耕當問奴 織當問婢(경당문노 직당문비)

밭일은 머슴에게 묻고

길쌈은 하녀에게 그 방법을 물어라.

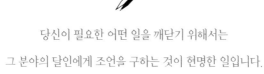

당신이 필요한 어떤 일을 깨닫기 위해서는

그 분야의 달인에게 조언을 구하는 것이 현명한 일입니다.

배우고 익히는 사람이

결국에는 이기는 사람이 된다는 것을 명심하세요.

현재의 결과 ≠ 미래

큰 기대를 품고 노력한 일이 자신이 뜻한 바대로 이루어
지지 않아서 힘들 때가 있지 않았나요?

하지만 오늘 당신을 좌절하게 만든 그 어떤 일에 대한 실
패가 인생의 실패를 결정하는 것은 아닙니다. 그저 인생길에
있어 언제나 맞이할 수 있는 한 번의 실패, 한 번의 성공일 뿐
이죠. 그러나 우리는 현재의 결과에 대하여 확대 해석하는
경향이 있습니다.

그저 자신에게 다가온 기회가 때로는 성공으로, 때로는
실패로 지나갔을 뿐인데 그것이 인생 전체를 결정짓는 일처
럼 생각합니다.

인생은 그렇게 단순하게 결정되는 것이 아닙니다. 지금의
성공, 또는 실패에 대해 '일희일비(一喜一悲) 하지마세요. 당신

이 꿈꾸는 삶의 목표가 분명하고 올바른 것이라면 언젠가 당신의 삶은 훌륭한 인생으로 평가받을 것입니다.

無急勝而忘敗(무급승이망패)

승리에만 급급하여 패배를 잊어서는 안 된다.

세상일은 자신의 뜻대로만 되지 않기에

큰 꿈을 품고 실행한 일이 성공하지 못할 수 있습니다.

지금의 실패는 긴 인생을 생각하면

한 번의 실패에 불과할 뿐입니다.

지금의 실패가 당신의 미래까지 이어지지 않도록

다시 일어서서 앞을 바라보며 나아가세요.

혁명의 시작

　혁명은 변화를 꿈꾸는 사람의 생각으로부터 시작됩니다. 생각은 겨자씨와 같아서 시작은 미약하지만 체계화 되고 동조하는 사람들이 모이게 되면 엄청난 결과를 만들어 내죠. 때문에 행동을 바꾸려면 먼저 생각을 바꾸어야 합니다. 누구나 지금까지 살아온 자신의 사고방식이나 행동습관들이 있을 것입니다. 그것들이 좋은 결과를 만들어 냈다면 바랄 것이 없지만 그렇지 않다고 생각한다면 과감하게 바꾸어야할 때입니다. 물론 이미 습관이 되어 몸에 배인 자신만의 방식들을 바꾸는 일은 매우 힘듭니다. 그러나 생각하는 일은 어렵지 않게 할 수 있는 일이죠. 새로운 생각을 시작하는 것만으로도 변화의 방아쇠는 이미 당겨진 것입니다. 당신의 새로운 생각이 당신 인생의 혁명을 이끌어 낼 것입니다.

虛受人(허수인)

마음을 비워 남의 의견을 받아들인다.

자기만의 생각 틀 안에만 갇혀있으면,

다른 사람의 의견을 받아들일 공간이 없습니다.

성장하고 변화하기 위해서는

세상의 의견을 현명하게 받아들일 수 있는

넓고 깊은 마음이 필요합니다.

짝사랑

　누군가를 짝사랑하게 되면 마음 아픈 일을 많이 겪어야 할지 모릅니다. 많은 사람이 즐겁고 행복한 마음을 갖는 크리스마스, 가슴을 설레게 하고 기대감을 갖게 하는 화이트데이 등 특별한 날일수록 외로움은 더욱 커지죠. 그럼에도 짝사랑을 포기하지 못하는 것은 사랑하는 그 사람을 생각하거나 또는 바라볼 때마다 느끼는 남모를 설렘과 기쁨 때문입니다.

　가슴속에 꿈을 품는 일도 짝사랑과 같습니다. 자신이 희망하는 꿈을 생각하면 설레고 행복하지만 동시에 부족한 자신의 모습에 마음이 아프죠. 그렇지만 희망하는 그 꿈이 아무리 멀리 있다고 생각될지라도 절대 포기하지 마세요. 당신이 꿈을 포기하지 않는 한, 꿈을 향한 짝사랑은 반드시 이루어질 것입니다.

王侯將相 寧有種乎(왕후장상 영유종호)

왕후장상의 뿌리는 따로 있지 않다.

현대는 꿈꾸고 있는 것이 무엇이라도

이룰 수 있는 가능성이 열려있는 시대입니다.

그렇지만 꿈을 현실로 만들기 위해서는

끊임없이 창의적인 생각을 진취적으로 모색해야 합니다.

당신의 노력으로, 당신 역시 왕후장상(王侯將相)이 될 수 있습니다.

자신만의 걸음을 걸어라

당신을 매우 사랑하는 사람이라고 할지라도 당신의 인생을 책임질 수는 없습니다. 따라서 당신이 누군가의 설득이나 강요에 의해 선택한 길 또한 그들은 책임져 주지 않습니다.

그들은 당신의 인생과 아무 상관이 없다는 것을 명심하세요. 그들이 당신의 꿈에 대하여 어리석다고 하든, 불가능하다고 말하든 신경 쓰지 마세요.

한 걸음 물러서서 그들을 바라보세요. 대개 남의 인생에 간섭하는 사람치고 본인 인생을 제대로 사는 사람은 없는 법이니까요. 그들에게 한 마디 해주고 싶다면 "댁들 인생이나 똑바로 사세요."라고 말해주세요.

당신은 그저 당신의 길을 묵묵히 가세요.

人各有能有不能(인각유능유불능)

사람에 따라 할 수 있는 것이 있고

할 수 없는 것이 있다.

자신의 생각으로 세상을 살아야 합니다.

자신이 무엇을 잘 할 수 있는지, 무엇을 좋아하는지,

무엇을 하며 자신의 인생을 설계할지,

당신이 할 수 있는 일과 당신의 재능에 주목하세요.

당신은 당신의 길을 보아야 합니다.

시간제한을 벗어나라

영화에서 극적인 긴장감을 조성하기 위해서 소품으로 시한폭탄을 이용합니다. 제한된 시간 안에 폭탄을 해체해야 하는 미션을 수행하는 주인공은 모든 추리력을 동원하여 시한폭탄을 해체하기 위한 방법을 찾아내려고 합니다. 관객들의 가슴이 긴장감으로 타버릴 듯한, 정말 아슬아슬한 타이밍에 설치된 시한폭탄을 해체하죠.

우리의 인생에도 간혹 이러한 시한폭탄이 장착되어 있다는 생각이 들 때가 있습니다. 그래서 침착함을 잃고 서두르게 되죠. 하지만 인생에서 무언가에 도전하고 어떤 꿈을 이루기에 늦은 시간이나 이른 시간은 없습니다. 당신이 무엇에 도전하기 위해 결심한 지금이 가장 좋은 타이밍이며 최적의 시간입니다.

陷之死地而後生 置之亡地而後存

(함지사지이후생 치지망지이후존)

군대를 사지에 몰아넣은 이후에 살아나고,
패망의 자리에 위치시킨 이후에 보존할 수 있다.

절체절명의 위기를 극복한 군대는 강군으로 거듭납니다.

반면 승리에 만족하는 시간이 길어지다 보면

자만심으로 인해 위기에 봉착하기도 하죠.

사람의 인생도 대부분 이와 같은 패턴으로 이루어집니다.

당신이 지금 위기 속에 있다면,

강해질 기회를 맞이하고 있는 것입니다.

세상의 중심에 서라

　세상은 불합리하고 불공평한 면이 있습니다. 그래서 세상에 대해 불평하고 원망하죠. 그러나 정작 그러한 어두운 면을 밝은 빛으로 바꾸는 사람들은 세상의 불합리에 대하여 원망하거나 불평하지 않는 사람들입니다. 그들은 세상을 변화시키는 데에 자신의 힘이 필요하다는 것을 스스로 깨달은 것이지요. 불평만 늘어놓는 사람들은 어떤 일도 이루어낼 수 없습니다. 당신은 세상에 대한 불평을 늘어놓는 시간에 불합리한 세상과 마주하세요. 불합리와 맞서는 용기를 낼 때에야 비로소 당신이 옳다고 믿는 것들을 세상에 실현할 수 있습니다.

識時務者在俊傑(식시무자재준걸)

뛰어난 인재는

시국을 간파하는 능력을 갖고 있다.

끊임없이 세상흐름과 변화를 주시해야 합니다.

그럼으로써 당신의 꿈을 세상에 실현시킬

기회를 만날 수 있습니다.

행동하면 생각보다 별거 아니다

사람은 자신이 경험한 것을 바탕으로 모든 상황과 사물을 생각하고 판단합니다. 가령, 어떤 문제를 고민할 때 '이것만이 옳다'고 생각하는 범위가 실상 그 사람의 한계인 셈이죠. 때문에 우리는 경험해 보지 못한 일에 도전하거나 혹은 그런 상황에 부딪혔을 때 두려움을 느끼고 움츠러듭니다. 두려움의 원인은 자신의 행동으로 인해 어떤 결과가 나올지 알 수 없기 때문입니다.

경험해보지 못한 일, 익숙하지 않은 일에 두려움을 갖지 마세요. 생각보다 별것 아닐 수 있습니다. 새로운 경험 앞에서 다음과 같이 말해보세요.

"까짓것 또 넘어서면 되지 뭐."

士別三日 卽當刮目相對 (사별삼일 즉당괄목상대)

선비는 헤어진 지 사흘이면

눈을 비비고 다시 볼 만큼 달라져있어야 한다.

행동하면 깨우치게 되고 깨우치면 변하게 됩니다.

스스로 두려워하지 않는 의연한 마음으로 미래를 만들어나가세요.

방황의 시간

뚜렷한 목표를 설정하고 자신의 삶을 성실하게 살아온 사람이라고 할지라도 불확실성으로 가득 찬 인생길에서 길을 잃고 방황할 수 있습니다. 삶에서 위기의 순간이 찾아오는 것은 당연한 일입니다. 그 당연한 혼란함과 방황의 시간이 찾아왔을지라도 불안한 생각에 불행하게 인생이 끝나 버리지는 않을까 걱정하지 마세요. 그저 잠시 길을 잃은 것뿐입니다. 길을 찾아 헤매는 그 시간을 꼭 거쳐야만 되는 필요한 과정으로 생각하세요.

앞을 가리고 있던 짙은 안개가 사라지고 나면 가야 할 길이 선명히 모습을 드러낼 것입니다.

美哉水 洋洋乎(미재수 양양호)

아름답도다! 막힘없이 흐르는 강물이여!

유유히 흐르는 강물을 바라보며 공자가 한 말입니다.

이렇듯 사람의 인생은 끊임없이 장애물이 나타나서

앞을 가로막지만 그것을 넘어 가야만 하는 흐름의 연속입니다.

당신의 앞을 가로막는 장애물이 나타나는 것은 당연한 것입니다.

다만 그것을 극복하며 유유히 살아가는 것이 인생입니다.

하고 싶지 않은 일도 할 수 있어야 한다

진정으로 하고 싶은 일을 하기 위해서는 때때로 하고 싶지 않은 일을 해야 할 때가 있습니다. 그것은 기본적인 생존 때문일 수도 있고, 새로운 기회를 얻기 위해서 두려운 마음으로 그 일을 해야 할 때가 있습니다. '나는 이런 일을 할 사람이 아닌데.'라는 생각만큼 어리석은 생각은 없습니다. 미래의 꿈이 원대하다고 해서 작고 소소한 일이 가벼운 것은 아닙니다. 지금 눈앞에 있는 작고 소소한 일 또한 소중히 생각하고 정성을 다하세요. 세상에 대충 해도 되는 일은 없습니다. 하기 싫은 일, 대충 넘기고 싶은 일, 그 너머에 진정으로 당신이 하고 싶은 일이 기다리고 있을 것입니다.

毀言日至(훼언일지)

비방하는 말이 매일 들려온다.

제나라 위왕은 어느 날 자신이 신뢰하는 신하에게 말했습니다.

"자네를 폄훼하는 평판이 자주 들려오지만 나는 기쁘다네.

왜냐하면 그것은 짐의 눈치를 보지 않고 소신껏 일을 하다가

듣게 되는 비방이라는 것을 잘 알고 있기 때문이라네."

일을 하다보면 좋지 않은 비평의 말을 듣게 되고

자신조차 그 일에 대한 의심이 들 때가 있습니다.

그렇더라도 진정으로 하고 싶은 일을 꾸준히 하세요.

자존심은 지키는 게 아니라 버리는 것

　자존심은 지키는 것이 아니라 버리는 것입니다. 자신을 버릴 줄 아는 사람이야말로 진정으로 높은 자존감을 가진 사람입니다. 자존감이 높은 사람은 자신이 낮아짐에도 웬만해서는 마음의 상처를 받지 않습니다. 왜냐하면 그는 자신을 비난하는 소리 또한 정성을 기울인 마음으로 수용하기 때문입니다.

　자신을 낮춤으로써 귀한 인연의 맺음을 경험하게 될 것입니다. 자존심은 지킬 때가 아니라 버릴 때 그 가치가 빛을 발휘한다는 사실을 명심하세요.

推赤心 置人腹中(추적심 치인복중)

진심을 꺼내어 남의 배에 넣는다.

진심으로 타인을 대해야 합니다.

당신의 진심이 경우에 따라서는 통하지 않을 수도 있고

문제를 일으킬 수도 있지만

진실한 마음은 반드시 그 진위가 밝혀질 것이며

타인의 가슴에 깊은 신뢰감을 심어줄 것입니다.

과거의 자신과 싸우지 말라

　우리는 때로 자신의 지난 과거를 스스로 용서하지 못해 괴로워합니다. 하지만 그것은 결국 자신의 몸과 정신을 망치는 결과를 만들죠.

　과거의 자신과 싸우지 마세요. 자신의 과거를 이해하고 용서해주세요. 스스로를 용서하지 못하는 것은 또 다른 잘못을 만드는 일입니다. 같은 잘못을 반복하고 싶지 않다면 후회스런 과거의 기억을 훌훌 날려버리고 새롭게 시작할 수 있어야 합니다. 새로운 현재의 자신을 사랑하세요.

千慮一失(천려일실)

지혜로운 사람도
많은 일을 하다보면 실수할 때가 있다.

현명한 사람은 실수에서 깨달음을 얻기 때문에

같은 실수를 반복하지 않기 위해서 마음을 집중합니다.

자신의 지난 잘못과 실패를 가슴에 새겨서

스스로를 괴롭히는 것은 불행한 일입니다.

당신은 실수와 잘못을 거울삼아

스스로 새로운 기회를 창출하는 사람이 되기 위해 노력하세요.

믿음은 언제나 위협을 받는다

자신이 굳게 믿고 있는 진실일지라도 그것을 불신하는 누군가로부터 계속 위협을 받으면 마음이 흔들립니다. 그러다가 결국 그 위협에 제압되어 자신의 믿음을 가장 강하게 위협하는 상대가 바로 자기 자신이 될 때가 있죠.

'내가 과연 옳은 일을 선택한 것일까?', '혹시 내가 너무 과신하지는 않았을까?', '내가 교만했던 것일까?', '처음부터 운명적으로 나는 이 일을 할 수 없는 사람이 아니었을까?'

이런 의문들을 스스로에게 던지면서 자신의 믿음을 의심하죠. 하지만 어떤 일이 있어도 당신만은 언제나 스스로를 믿어주어야 합니다. 당신의 믿음을 지켜내세요.

道義重 則輕王公矣(도의중 즉경왕공의)

도의(道義)에 벗어나지 않는 일이라면 왕이나 제후도 두렵지 않다.

성공의 기본은 스스로 굳은 믿음이 바탕이 되어야 합니다.

당신의 믿음이 세상의 이치와

사람의 도리에서 벗어나지 않고 올바른 것이라면

당신의 믿음을 믿어주고 도울 사람들이 나타날 것입니다.

스스로에 대한 믿음과 그에 대한 자부심이

성공의 강력한 초석이 된다는 것을 명심하세요.

매일 똑같은 하루, 매일 색다른 하루

꿈이 없는 사람에게 오늘은 어제와 같은 하루일뿐이지만, 꿈이 있는 사람에게 오늘의 의미는 어제보다 한 걸음 나아간 하루입니다.

오늘 하루 어떻게 보내셨나요? 어제와 똑같은 지루한 하루였나요, 아니면 꿈을 향해 한걸음 내디딘 보람 있는 하루였나요?

매일 매일이 그날이 그날 같다는 생각이 들면 새로운 에너지를 불어넣어 줄 수 있는 꿈을 가져보세요. 평소에 배워보고 싶다고 생각했던 것이 있다면 그것을 배워 보세요. 계획만 하고 실천하지 못한 일이 있다면 그것을 실천해 보세요. 남에게 말하지 못할 콤플렉스가 있다면 그것을 극복해낼 계획을 세워 조금씩 실행에 옮겨 보세요.

그것만으로도 당신의 오늘은 어제와는 다른 색다른 하루가 될 것입니다.

差若毫釐 繆以千里(차약호리 유이천리)
털끝만한 차이가 천리의 격차를 만든다.

잘못 선택한 작은 차이가 나중에는 매우 큰 격차를 벌입니다.

때문에 올바른 방향을 설정하고

꾸준하게 그것을 향해 나아가야 합니다.

인생은 하루하루가 쌓여 만들어지는 것이며

그것의 차이가 당신을 한 없이 높아지게 할 수도

또한 비참하게 낮아질 수도 있음을 기억하세요.

정면을 바라보라

복싱의 가장 기본적인 자세는 눈을 감지 않고 상대방의 눈빛과 동작을 주시하는 것입니다. 상대방의 눈을 피하는 순간, 상대방의 공격은 시작될 것입니다.

약점, 한계, 어려운 환경 등 스스로를 주눅 들게 하고 두렵게 하는 것이 그 무엇이든 그것을 정면으로 응시하세요. 피하고 싶고, 보고 싶지 않더라도 피하지 마세요. 현실직시의 시작은 외면하고 싶은 사실을 외면하지 않는 것에서부터 출발합니다. 아무리 두렵고 피하고 싶어도 현실을 외면하지 마세요.

외면하고 싶은 현실을 온전히 받아들이는 그 순간부터 당신의 변화는 시작될 것입니다.

目不兩視而明 (목불량시이명)

눈은 따로따로 볼 수 없으므로 명확하게 볼 수 있다.

정면을 바라보세요. 그것에서 한 순간도 눈을 떼지 마세요.

그리고 고요하고 조심스러운 사자의 움직임으로

당신이 설정한 목표물을 향해 나아가세요.

어떤 일을 이루기 위해서는 집중력을 갖고

자신의 온 힘을 쏟아야합니다.

최선을 다 했다는 만족감

만족감이라는 것이 항상 결과에 의해서만 결정되는 것은 아닙니다. 목표한 바를 이루는 과정에서 오는 만족감이라는 것도 있죠. 자신이 지닌 한계 이상의 노력을 했을 때에도, 정말 자신이 최선을 다했음을 느낄 때에도 자부심과 만족감을 느낄 수 있습니다. 이런 만족감을 느껴본 사람들은 이것저것 계산하면서 노력하지 않습니다. 노력 자체가 즐거움이고 행복이니까요.

스스로 생각하는 자신의 한계를 넘어 노력해 보세요. 최선을 다한 만족감, 자기 노력에 대한 자부심이 당신을 스스로 자랑스러운 사람으로 만들어 줄 것입니다.

逸出於勞 樂生於憂(일출어로 낙생어우)

평안함은 노동 후에 오고, 즐김에서 근심이 생긴다.

열심히 일한 사람은 편안한 휴식을 만끽할 수 있습니다.

그러나 지나친 즐거움 뒤에는

근심이 기다리고 있다는 것 또한 잊으면 안 됩니다.

최선을 다한 만족감으로 충만한 매일 매일을 맞이하세요.

인생도박을 피하라

　인생한방주의, 게으른 긍정주의, 꿈 없이도 행복할 수 있다고 믿는 것, 인격이 올바르지 않은 사람과 함께 일을 도모하는 것 등은 반드시 경계해야할 불확실성의 인생도박입니다. 이러한 인생도박은 결코 승리할 수 없는, 한 번 빠지면 헤어 나올 수 없는 함정입니다.

　당신의 인생을 걸고 이와 같은 인생도박을 하지 마세요.

世間那有楊州鶴(세간나유양주학)

어찌 그대의 바람대로 학을 타고

양주 하늘을 학처럼 날 수 있겠는가!

옛날 옛날에 사람들이 모여 각자의 희망을 말했습니다.

한 사람은 벼슬을, 두 번째 사람은 재물을, 세 번째 사람은

학을 타고 하늘을 날고 싶은 것이 소원이라고 말했습니다.

그리고 마지막 사람은 허리에 10만 관의 금을 두르고

학에 올라 양주 위를 훨훨 날아다니고 싶다고 말했습니다.

그는 세 사람의 욕망 모두를 다 갖고 싶었습니다.

이에 '양주의 학'이라는 끝없는 욕망을 가리키는 말이 생겼습니다.

마음속 욕망을 모두 채울 수는 없습니다.

때문에 절제(節制)가 필요한 것이죠.

자신의 능력에 맞는 목표를 세우고 탐욕을 절제하면서

현재에 충실할 때, 당신 곁에 행복이 머물 것입니다.

인연의 흐름

인간의 삶에서 자기 뜻대로 할 수 없는 것이 있다면 그것은 인연일 것입니다. 단순히 좋은 인간관계를 맺는 것은 어느 정도 가능하겠지만, 인연의 흐름을 마음대로 조정할 수는 없습니다. 떠나가는 사람을 잡고 싶다고 해서 언제까지 붙잡을 수도, 내게 다가오는 사람을 막을 수도 인간의 힘으로는 어쩔 수가 없습니다. 다가오는 혹은 떠나가는 인연은 마음대로 계획할 수 있는 것이 아니기 때문입니다.

떠나야 할 사람이 떠나야 할 때, 아쉽지만 그의 행복을 기원하며 그를 놓아 주세요. 새로운 인연이 찾아왔을 때, 진심으로 기뻐하며 그를 환영해 주세요. 스스로 찾아오고 떠나는 인연들을 인생의 당연한 일로 받아들이세요.

天晴一鴈遠 海闊孤帆遲(천청일안원 해활고범지)

맑은 허공 너머로 외기러기 한 마리 날아가고 바다 멀리 수평선에는
돛단배 하나 느릿느릿 움직이고 있다.

이별은 언제나 슬픕니다.

함께 했던 시간, 즐거운 추억이 아픔으로 다가옵니다.

그러나 우리는 이별을 받아들여야 합니다.

모든 사람, 모든 인연은 떠나가는 것이 당연한 이치입니다.

인연의 결론은 이별이기 때문이죠. 그것이 진실입니다.

때문에 중요한 것은 바로 지금이며

지금 당신의 주위에 있는 사람들입니다.

바로 지금, 그들을 진심으로 사랑하는 것이

소중한 인연을 만드는 것입니다.

버티고, 버티고, 또 버텨라

자신이 좋아하는 일을 하고 있다고 해서 반드시 그 일이 성공할 것이라는 장담은 할 수 없습니다. 자신이 소중하게 생각하는 것을 지키기 위해서 하기 싫은 일을 해야 할 때가 있고 힘든 일이 있기 마련이죠. 해결책은 딱 하나뿐입니다. 그냥 버티세요. 버텨야 해결될 일이라면 버티고, 버텨서 당신의 목적을 달성하세요.

살아남는 자가 강한 이유는, 살아남은 자만이 자신이 열망하는 그것을 실현할 수 있기 때문입니다.

請君試問東流水 別意與之誰短長

(청군시문동류수 별의여지수단장)

그대여! 동쪽으로 유유히 흐르는 강물을 바라보라.
내 슬픔의 길이와 저 강물의 길이가 어느 것이 더 긴지를.

실패는 성공으로 가는 길에서 당연히 넘어야할 수순입니다.

그래서 어려움을 덤덤하게 받아들일 수 있는

내공이 필요한 것입니다.

당신의 인생에 어려움이 닥칠지라도

그것은 당연한 일이라고 생각하며

모든 어려움을 버티고, 버티고, 또 버티세요.

스스로 행복한 사람

누군가 옆에 있어야만 행복을 느끼는 사람은 행복한 사람이 아닙니다. 홀로 있을지라도 행복을 느끼는 사람이 진정 행복한 사람입니다. 사람들은 외롭고 불행한 자신을 구원해줄 사람을 찾아 헤매지만 세상에 그런 사람은 존재하지 않습니다. 행복은 스스로 찾는 것이고 힘들고 벅찬 인생의 덫에서 자신을 구원할 사람 또한 자기 자신입니다.

누군가가 행복하게 해주길 기다리지 마세요. 스스로 자신을 행복하게 해주는 사람이 되세요. 당신을 행복하게 해줄 사람은 오직 자기뿐이라는 것. 명심하세요.

問余何事栖碧山 笑而不答心自閑

(문여하사서벽산 소이부답심자한)

누군가가 나에게 왜 이런 적막한 벽산(碧山)에 묻혀 사느냐고 묻는다.
나는 답하지 않고 빙긋이 웃고 있지만 내 마음은 평안하고 여유롭다.

그렇게 찾아 헤매도

나의 인생을 행복하게 해줄 무지개는 찾을 수 없었습니다.

행복의 무지개는 내 마음 속에서 나를 기다리고 있었습니다.

소중한 것을 소중히

우리는 자신에게 소중한 것을 너무 가볍게 여기는 경향이 있습니다. 평소 그것을 소중히 여기지 않다가 소중한 그 무엇이 사라지고 난 후에야 그것의 소중함을 느끼며 후회하고 그리워하죠.

"나중에 잘 해줘야지" 할 때에는 이미 그것은 곁에 없을 수도 있습니다. 소중한 것일수록 더 빨리 사라져 버리는 법이니까요.

宛轉我眉能幾時 須臾鶴髮亂如絲

(완전아미능기시 수유학발난여사)

어리고 향긋한 얇은 눈썹의 미녀인들

그 아름다움이 몇 해나 가겠는가.

얼마 후엔 학의 깃털과 같은 백발이 되어 실처럼 흩날리리라.

세상을 살다보면 속세의 유혹에 마음이 흔들립니다.

하지만 당신을 위해 기도하고 당신의 아픔을 함께 아파하는

진정으로 당신을 사랑하는 사람들을 기억하세요.

그들이 있기에 당신의 삶이 평화로울 수 있다는 것을 명심하세요.

꿈 앞에서 당당해져라

소망과 욕망을 숨기지 마세요. 누구에게라도 자신이 무엇이 되고 싶은지, 무엇을 원하는지 당당히 말하세요. 자신의 꿈 앞에서조차 당당하지 못한 사람이 어떻게 자신이 바라는 꿈을 이룰 수 있을까요.

누군가와의 경쟁에서 이기고 싶다고 말하세요. 소유하고 싶은 것이 있다면 그것을 꼭 갖고 싶다고 말하세요. 원하는 것을 위해, 모든 고난을 극복하고 꿈을 이룰 수 있다고 당당하게 말하세요. 그리고 말한 것들을 당신의 현실로 만들어 버리세요.

青春已逝 桑榆非晚(청춘이서 상유비만)

청춘의 시기는 이미 지났으나, 노년은 아직 늦지 않다.

꿈을 꾸기에 늦은 시간은 없습니다.

마음먹기에 따라 여전히 기회는 존재합니다.

당신이 행동함으로써 꿈은 현실이 되고,

당신으로 인해 세상은 보다 진보할 수 있습니다.

chapter 3

성공의 첫 단계는
자신이 진정
무엇을 원하는지
깨닫는 것이다

날마다 새로운 시작이다

새로운 세상은 마음먹기에 따라 언제나 새롭게 일어날 수 있는 일입니다. 매일 잠에서 깨어나는 순간마다, 머릿속에 반짝이는 생각이 떠오를 때마다 실제적 행동의 실천으로 인해 새롭게 시작되는 것입니다.

세상은 당신을 중심으로 움직입니다. 당신이 행복하면 세상은 평화로울 것이며, 당신이 사랑을 시작하면 세상 또한 아름다운 모습을 당신에게 보여주기 위해 아름다운 자태를 뽐낼 것입니다.

오늘은 새로운 기회의 날입니다. 기회를 어떻게 살릴지, 어떤 식으로 가꾸어 나갈지는 오롯이 당신의 선택에 달려있습니다.

得成竹于胸中(득성죽우흉중)

마음속에 완성된 대나무를 지니고 있어야 한다.

당신이 꿈꾸는 세상이 당신의 가슴속에서 불타고 있다면,

그 꿈을 향해 흔들리지 않고 나아가고 있다면

머지않아서 당신의 꿈은 그 결실을 볼 것입니다.

매 순간을 소중히 생각하라

과거와 현재, 미래는 연결되어 있습니다. 그렇기에 소중하지 않은 순간은 없습니다. 당신의 현재는 당신의 과거가 쌓여 지금의 당신을 만든 것이며, 당신의 미래 또한 현재의 당신이 쌓아가는 것들로 만들어질 것입니다. 현재의 잘못은 미래에도 흔적을 남기죠. 이렇듯 당신은 지금, 현재, 이 순간을 살고 있다는 매우 중요한 사실을 잊으면 안 됩니다.

매 순간을 소중히 생각하세요. 지금의 순간순간이 모여 당신의 인생을 만든다는 것을 명심하세요. 현재 없인 미래도 없으니까요.

卽今相對不盡歡 別後相思復何益

(즉금상대부진환 별후상사부하익)

지금 서로 즐거움을 나누지 않는다면,

헤어진 후에 후회한들 무슨 소용 있으랴!

지금이 아니면 기회는 없습니다.

내일은 누구도 장담할 수 없습니다.

지금 내 앞에 있는 사람에게 당신이 할 수 있는 정성을 다하세요.

지금 당신이 하고 있는 일에 당신의 모든 노력을 쏟아 부으세요.

내일 어떤 일이 벌어질지 장담할 순 없지만

최소한 아쉬움의 후회는 남기지 않아야지요.

삶의 속도와 방향을 점검하라

여유를 갖고 세상의 온갖 풍경을 음미하는 삶은 바람직한 삶의 자세입니다. 하지만 그러한 삶의 자세를 유지하기 위해서는 올바른 방향과 적당한 속도를 꾸준히 유지해야 하죠. 만일 당신의 삶의 속도가 점점 더 느려지고 몸 또한 무거워지고 있다는 것을 느낀다면 삶의 속도를 조절할 필요가 있습니다.

당신의 시간을 부족하게 하고 당신의 몸을 바삐 움직일 일을 만들어 보세요. 그런 후에 다시 정상적인 삶의 속도와 방향을 회복하세요. 너무 느리지도 너무 빠르지도 않은 안정감 있는 삶이 오래 유지할 수 있도록 삶의 속도와 방향을 회복하세요.

天生我才必有用(천생아재필유용)

하늘이 나에게 재능을 준 것은 반드시 쓸모가 있기 때문이다.

세상이 추종하는 성공의 조건보다는

진정한 당신의 힘과 지혜를 스스로 발견해야 합니다.

인간성을 잃지 말자

목적이 수단을 정당화시킬 수 없다는 말도 있지만 우리는 때때로 절실함 때문에 사용하지 말아야할 방법을 쓰기도 합니다. 자기의 소망이 너무 간절한 나머지 인간다움을 잃어버리는 거죠.

인생을 살아가는 데는 많은 길이 있지만 가장 멋진 길은 참다운 인간으로 사는 길입니다.

꿈을 이루고 인간성을 잃는다면, 행복을 얻고 주위 사람들에게 비난을 받는다면, 과연 그것을 성공한 인생이라 할 수 있을까요?

욕망은 인간을 움직이게 하는 강력한 힘이 되지만 인간성이 지켜져야 하는 범위 안에서라는 것을 기억하세요. 당신은 욕망에 눈이 멀어 인간성을 잃은 사람이 되지 마세요.

羨君有酒能便醉 羨君無錢能不憂

(서군유주능편취 선군무전능불우)

술만 있으면 기분 좋게 취할 수 있는 자네가 부럽구려,
돈이 없어도 전혀 근심이 없는 친구가 부럽구려.

욕심을 버리고 인간의 도리에 어긋나지 않게 순리대로 삶을 살면

인생이 평안할 수 있습니다.

한 번 사는 삶, 당신의 인생은 후회를 남기지 않는

순탄한 삶이길 기원합니다.

부정적인 감정을 털어내자

사람의 마음속 감정은 저절로 사라지지 않습니다. 기쁠 때는 웃어야 하고, 슬플 때는 울어야 사라지죠. 때문에 감정은 절제하는 것이 아니라 올바른 방식으로 표현하는 것이 좋습니다. 좋지 못한 감정이라고 무조건 억누르기만 한다면 도리어 부정적인 감정이 증폭되어 어느 순간 더욱 크게 폭발할지도 모릅니다. 마음속에 부정적인 감정이 있다면 표현하세요. 마음속에 섭섭함과 응어리를 마음속에 지니고서 좋은 인간관계를 유지할 수는 없습니다.

당신이 누군가에게 불편한 마음을 갖고 있다면 그에게 당신의 마음을 표현하세요. 그것은 누군가를 괴롭히기 위해서가 아니라 함께하기 위해서입니다. 올바른 감정 표현으로 소중한 사람들과 좋은 관계를 유지하세요.

與善言 煖於布帛 (여선언 난어포백)

좋은 말을 들려주는 것은 무명이나 비단을 주는 것보다 따뜻하다.

좋은 말은 마음을 편안하게 합니다.

또한 얽혀있던 복잡한 문제를 해결할 수 있습니다.

좋은 말로써 자신의 마음을 표현하면

상대방 역시 좋은 말로 나를 대할 것입니다.

열등감의 지옥

멋진 외모에 재능까지 갖추고 좋은 환경에서 쉽게 꿈을 이뤄가는 사람들을 볼 때면, 세상은 너무 불공평하다는 생각이 들 때가 있습니다.

'세상은 왜 이렇게 불공평한가?', '내 인생은 왜 이렇게 고달픈가?', '나에게는 너무 힘든 삶이 저 사람에게는 너무 쉬운 일이구나!' 하는 생각과 더불어 자괴감이 들기도 할 것입니다. 하지만 어쩔 수 없는 일이죠. 그렇다고 해서 당신이 질투하는 그 사람이 불행해지면 당신의 마음은 편해질 수 있을까요? 열등감과 질투는 에너지를 고갈시키고 지치게 합니다. 심지어 꿈을 망각하게도 하죠. 열등감의 지옥에서 벗어나세요. 당신에겐 당신의 인생이 있을 뿐입니다. 당신은 자신이 가야 할 길을 밝은 눈으로, 바른 마음으로 나아가면 됩니다.

善毛嬙西施之美 無益吾面(선모장서시지미 무익오면)
모장과 서시의 미모를 찬양해봤자 내 얼굴에는 아무런 이익이 없다.

어떤 것을 갖고 싶다면 그것을 부러워할 것이 아니라

그것을 소유하기 위한 노력이 중요합니다.

세상의 모든 것은

스스로의 노력에 의해서만 얻을 수 있기 때문입니다. 열등감으로

부러워만 하고 있으면 그 무엇도 그 당신의 것이 되지 않습니다.

재능에 대한 집착에서 벗어나라

우리는 지나치게 재능에 집착하는 경향이 있습니다. 하지만 자신의 재능이 무엇인지 명확하게 깨닫는 사람은 드뭅니다. 문을 열어본 후에야 문 안에 무엇이 있는지 알 수 있듯이 한 가지 일을 오랜 시간 갈고 닦은 후에야 비로소 자신의 재능을 깨닫는 경우가 많습니다.

재능에 대한 집착을 버리세요. 자신의 재능을 찾고 싶다면 마음이 이끄는 대로 하고 싶은 일을 먼저 시작하세요. 하고 싶은 마음이야말로 재능을 나타내는 가장 명확한 단서입니다. 우선 당신이 하고 싶은 일을 시작하세요.

若錐之處於囊中 期末立見(약추지처어낭중 기말립현)

송곳은 자루 속에 들어있더라도 그 날카로움이 곧 드러난다.

능력 있는 사람은 어디에 있더라도 눈에 띄기 마련입니다.

비록 지금 자신의 능력을 인정받지 못하더라도 실망하지 마세요.

항상 잠재능력을 향상시키기 위해 노력하세요.

그런 당신은 언젠가 인정받을 것이며, 중한 쓰임을 받을 것입니다.

가면을 벗고 진짜가 되라

　세상을 영원히 속일 수 있는 거짓은 없습니다. 다른 사람에게 자신을 좋게 보이도록 하기 위해 꾸민 이미지는 자신의 본모습이 아닌, 가식적인 이미지일 뿐입니다. 가면을 쓴다는 것은 가면을 쓰고 있는 그 모습이 더 올바른 모습이라는 것을 스스로 너무나 잘 알고 있기 때문이죠. 남들에게 더 좋은 사람으로 보이기 위하여 가면을 썼다면, 이제 그만 그 가면을 벗어버리세요. 적어도 당신은 무엇이 좋은 모습인 줄은 알고 있잖아요. 자신이 올바른 사람의 모습이라고 믿는 그런 사람, 가면이 필요 없는 진짜 당신이 되기 위해 노력하세요.

大巧在所不爲(대교재소불위)

큰 기교는 꾸미지 않음에 있다.

사람들은 화려한 것에서보다 순수한 것에

매력을 느끼고 꾸밈없는 이야기에 진심으로 반응합니다.

화려한 기술보다는 동작은 작지만 절제된 행동이

한층 높은 멋과 우아함을 드러낸다는 것을 명심하세요.

긍정적인 상상을 하라

정말 중요한 일을 앞두고 있을 때 머릿속에는 온갖 상상이 다 일어나죠. 설렘과 두려움이 교차하는 감정 속에서 끊임없이 상상의 그림들을 만들어 냅니다. 설렘이라는 감정은 긍정적인 그림을, 두려움이라는 감정은 부정적인 그림들을 만들어 내죠. 하지만 안타깝게도 사람은 대개 부정적인 상상에 마음을 빼앗기고 짓눌리게 됩니다. 아직 아무 일도 일어나지 않았는데 부정적인 감정이 강하게 스스로를 괴롭히는 것이죠.

이루어졌으면 하는 긍정적인 설렘의 상상을 믿으세요. 스스로를 부정적인 상상으로 괴롭히지 마세요.

破山中賊易 破心中賊難(파산중적이 파심중적난)

산속의 도적을 물리치기는 쉬워도

마음속의 도적을 물리치기는 어렵다.

모든 승부는 이미 마음에서 결정이 됩니다.

마음의 힘으로 두려움을 스스로 제어하지 못한다면

결코 승리를 쟁취하지 못할 것입니다.

마음에서부터 자신을 다스림으로써 승리를 쟁취할 수 있습니다.

인생을 단정 짓지 말라

한 번의 실수, 한 번의 실패가 인생 전체를 결정짓는 일은 없습니다. 그저 그 때 그 순간의 실패일 뿐, 다음 순간이 다가오면 다시 새로운 선택지가 주어지죠.

누구에게나 끊임없이 새로운 선택지가 주어집니다. 때문에 한 번의 실수나 실패 때문에 인생을 단정 지으면 안 됩니다. 왜냐하면 지금의 실패에 좌절하여 인생을 포기해버리면 새로운 기회와 희망은 결코 다시는 찾을 수 없게 되기 때문입니다. 삶이 지속되는 한, 정해진 결말 같은 것은 없습니다.

당신의 인생은 아직 결정되지 않았습니다. 매 순간이 새로운 인생의 시작입니다.

慾難而惰裁衣也(욕난이타재의야)

따스하길 바라면서 옷 짓기를 게을리 한다.

따뜻한 시기를 기다리고 있다면

지금은 추위로부터 자신을 지킬 옷을 지어야 합니다.

꿈이 있다면 열심히 일해야 합니다.

기회는 준비하고 노력하는 사람에게 오는 법이기 때문입니다.

세상의 변화에 관심을 갖자

바쁜 일상에 치여 살다 보면 세상이 어떻게 돌아가는지 무관심해질 때가 있습니다. 뉴스에서 정치인들이 싸우는 모습의 보도를 보며 도대체 왜 싸우는지 이해가 되질 않을 때가 있죠. 하지만 자신의 삶의 의미를 놓치지 않기 위해서는 자신의 노력도 중요하지만, 사회적 변화도 삶에 중요한 영향을 끼칩니다. 미래에 대한 올바른 판단으로 평탄한 삶을 유지하기 위해서 사회적 변화에 민감해야 하는 것은 필수적입니다. 세상의 변화에 관심을 가지세요. 더 좋은 세상을 만드는 일에 당신의 힘을 더하세요.

聖人無常師(성인무상사)

성인에게는 정해진 스승이 없다.

강한 사람은 어떤 관점의 틀에도 갇히지 않고

자유롭게 생각할 수 있는 사람입니다.

그래야 진취적 사고를 통해

자신과 사회를 혁명적으로 진화시킬 수 있기 때문입니다.

세상의 변화를 유연한 마음으로 바라보세요.

세상의 변화에 관심을 갖는 당신에게

세상은 꿈을 펼칠 기회를 제공할 것입니다.

완벽한 세상은 오지 않는다

많은 사람들이 세상의 불합리한 구조 때문에 자신의 꿈을 펼칠 수 없다고 말합니다. 하지만 자신의 꿈을 쉽게 이룰 수 있는 그런 세상은 인류 역사상 단 한 번도 없었습니다.

꿈을 이루기에 좋은 세상이 올 때까지 기다린다면, 기다리기만 하다가 인생이 끝날 수도 있습니다. 왜냐하면 당신의 마음을 헤아리고 당신이 편하게 꿈을 펼칠 수 있도록 장애물들이 스스로 길을 열어주는 그런 세상은 존재하지 않기 때문입니다.

그런 세상을 찾아 헤매지 마세요. 불만족스러운 장애물들을 극복해야 하는 것은 언제나 당신의 몫입니다. 지금, 당신이 살고 있는 현재의 이 세상에서 당신의 바라는 사랑을 맺고 희망하는 꿈을 이루세요.

聖人不凝滯於物 而能與世推移(성인불응체어물 이능여세추이)

성인은 사물에 막히거나 얽매이지 않고

세상흐름에 따라 변하며 적응한다.

완벽한 세상은 존재하지 않습니다.

세상의 흐름에 따라 자신이 변해야 합니다.

세상에 정해진 불변의 법칙은 존재하지 않습니다.

상황이 변하면 모든 것이 달라질 것입니다.

세상은 끊임없이 변화하고 있음을 깨닫고 당신 또한

세상의 흐름에 맞추어 조금씩 때로는 과감하게 변화해야 합니다.

때가 되면 나타날 것이다

이미 만반의 준비를 끝냈고 반드시 해낼 수 있다는 자신감으로 가득 차 있는데도 좀처럼 자신이 바라는 기회가 나타나지 않을 때가 있습니다. 한껏 부풀어 오른 자신감과 기대감은 마음을 조급하게 합니다. 하지만 마음과는 달리 기회가 나타나지 않을 때에는 힘겨움을 느낄 것입니다.

그러나 기회를 잡기 위해서는 스스로의 준비도 필요하지만 상황적 적기 또한 필요합니다. 너무 조급해하며 힘들어하지마세요. 당신 앞에 가장 좋은 적기에 가장 좋은 기회는 반드시 나타날 것입니다. 포기하지 말고 준비상황을 수시로 점검하며 차분히 기다리고 기다리세요.

士爲知己者用 女爲說己者容(사위지기자용 여위열기자용)

남자는 자기를 알아주는 사람을 위해 용기를 내고,

여자는 자신이 좋아하는 사람을 위해 용모를 꾸민다.

주어진 일에 대하여 최선을 다하고

자신의 주변이 청결한 사람에게는

언젠가는 반드시 자신이 원하는 일 또는 자리가 주어질 것입니다.

더불어 사는 세상

　타인의 도움이 필요한 상황에서 도와줄 사람이 있다면 머뭇거리지 말고 도움을 청하세요. 누군가에게 도움을 받는 일은 자존심 상하는 일이 아닙니다. 인간은 홀로 살아가는 존재가 아니라 더불어 살아가는 존재이기 때문입니다.

　인간은 서로 부족함과 필요를 채워주고 도움을 주고받으며 살아가는 존재이기에 당신을 필요로 하는 사람이 있다면 적극적으로 도움을 주고, 자신의 힘만으로 해결할 수 없는 위기 상황에서는 도움을 요청할 줄도 알아야 합니다. 당신의 힘만으로 지금의 상황을 극복할 수 없다고 판단된다면 도움을 구하세요.

損有餘 補不足(손유여 보부족)

남는 것을 덜어 부족한 것을 보충한다.

부자에게 높은 세금을 부과하여 도움이 필요한 사람을 위하는 것은

정치(政治)의 올바른 도리입니다.

또한 부자들의 기부와 자선은 노블리스 오블리제(Noblesse Oblige),

즉 가진 자들의 사회적 책임입니다.

당신의 성공 또한 궁극적으로

세상을 이롭게 할 때 의미가 있습니다.

당신만이 인생문제를 풀 수 있다

인생은 문제풀기의 연속입니다. 간혹 어떤 문제들은 지나치게 어려워서 세상의 그 누구도 풀 수 없는 문제를 자신에게만 던져준 것만 같죠. 그래서 하늘을 쳐다보며 신을 원망하기도 합니다. 신이 당신을 너무 과대평가한 것일까요?

아닙니다. 신은 당신을 배려하며 문제를 만드셨을 것입니다. 분명히 당신스스로의 힘으로 문제들을 풀어낼 당신의 잠재력을 보았을 것입니다. 다시 말해, 신은 당신이라면 풀 수 있을 것이라는 마음으로 문제의 해결을 전적으로 당신에게 맡긴 것입니다.

당신의 인생문제를 풀 수 있는 사람은 오직 당신뿐입니다.

壯士慘不驕(장사참불교)

장사의 마음은 비장하고 숙연하다.

당신에게 닥친 인생문제를 푸는 방법은

당신의 가능성에 불을 붙여 폭발시키는 것입니다.

그러기 위해서는 스스로의 능력과 현실을

정확히 인지하는 것이 필요합니다.

비장한 마음으로 당신에게 닥친 인생문제를 풀어보세요.

정말 절실하다면

　정말 절실하다면 피하지 말고 용기를 내세요. 사랑하는 사람에게 고백하는 것이든, 잘못한 사람에게 용서를 구하는 것이든, 이루고 싶은 꿈에 도전하는 것이든, 정말 절실하다면 행동을 시작해야 합니다. 정말 절실하다면 바로 지금 용기를 내세요. 당신의 용기가 당신이 꿈꾸는 절실한 소망을 이루게 할 것입니다.

　용기를 내지 못한 안타까움은 언제까지나 가슴속에 남아서 두고두고 지우지 못할 상처를 남긴다는 것을 명심하세요.

騎虎者勢不得下(기호자세부득하)

호랑이 등에 탄 사람은 중도에 내릴 수 없다.

절실하면 포기할 수 없습니다.

마치 호랑이 등에 탄 사람은

호랑이 등에서 내릴 수 없는 것과 같습니다.

호랑이 등에서 내리면 호랑이에게 물려죽기 때문입니다.

절실함으로 어떤 일을 선택했다면 반드시 결실을 맺어야 합니다.

좋은 사람을 구별하는 방법

현대사회는 어느 사람이 좋은 사람인지 판단하기가 정말 어렵습니다. 그래서 사람들은 높은 불신의 벽을 쌓고 상대방을 시험하곤 하죠. 하지만 그렇게 해서는 좋은 사람마저 놓치게 될지 모릅니다.

기본적으로 좋은 사람은 매사에 감사할 줄 아는 사람이며 자신이 받은 은혜를 반드시 갚으려는 마음을 간직하고 있는 사람입니다. 배려와 친절을 베풀었을 때 진심으로 감사하는 마음을 갖춘 사람이라면, 그는 인격적으로 성숙한 좋은 사람임이 거의 틀림없을 것입니다. 하지만 그런 사람을 찾기 위해서는 먼저 손을 내밀고 친절을 베풀어야 하죠. 그 때문에 때로는 손해를 볼 때도 있겠지만 그 덕분에 누가 좋은 사람인지, 아닌지 구분해 낼 기회도 얻을 것입니다.

外面以菩薩 內心如夜叉(외면이보살 내심여야차)

외면은 보살과 같고, 내심은 야수와 같다.

순탄한 인생을 보내기 위해서는 사람을 잘 만나야 합니다.

특히, 사람의 평가를 외모로 하지 말아야 하죠.

직접 겪어보아야 그 사람에 대해서 알 수 있겠지만

좋은 사람을 만나기 위해선

우선 당신이 좋은 사람이 되어야 하는 것이 순서입니다.

지난 일을 긍정적으로 해석하라

사람의 기억은 사실 명확하지 않는 경우가 있습니다. 기억이란, 잊지 않고 있던 머릿속 일부분의 사실과 그 사실에 대해 스스로 내린 해석의 결합입니다. 다시 말한다면 기억은 세월이 지나면서 자신의 생각으로 재구성된 것이죠. 심지어 같은 경험을 한 사람조차도 어느 사실을 서로 다르게 기억합니다. 그것은 사람마다 다른 해석을 했기 때문입니다.

행복한 인생은 행복한 기억이 많은 인생입니다. 과거에 대해서 긍정적으로 해석하세요. 긍정적인 해석을 하는 사람은 아름다운 추억들을 많이 만들 수 있습니다.

人生如夢(인생여몽)

인생은 꿈과 같다.

인생은 돌이켜 보면 꿈과 같은 것입니다.

인간이라는 존재를 우주 차원에서 바라본다면

먼지와도 같은 미세한 존재이며

다른 사람들과 더불어 살아가고 있는 것 같지만

엄밀하게 본다면 홀로 살아가는 존재입니다.

당신은 이러한 꿈과 같은 인생을 보다 정직하게,

보다 지혜롭게, 보다 인간적으로 살아야 합니다.

그래야 누군가의 기억에

당신이 아름다웠던 사람으로 기억될 것입니다.

운명을 극복하라

가난한 것은 자신의 잘못이 아니지만, 가난을 극복해야 할 사람은 자신입니다. 가난뿐 아니라 많은 비극적 운명 또한 마찬가지죠. 어쩔 수 없는 운명이라고 변명하지만 그 또한 스스로 극복해야 합니다.

비극적인 운명 앞의 당신이라면, 선택은 두 가지뿐입니다. 운명에 굴복하거나 발버둥이라도 쳐보는 것.

아무것도 하지 않는다면 비극적 운명은 끊임없이 대물림될 것입니다. 발버둥치고 안간힘을 쓰세요. 정말 비참한 것은 발버둥 칠 용기마저 없는 것입니다.

紈袴不餓死 儒冠多誤身(환고불아사 유관다오신)

비단 바지를 입고 태어난 사람은 굶어죽지 않지만
가난한 집의 자식은 유학(儒學)을 배울지라도 대개는 몸을 그르친다.

'부(富)의 대물림'이란 말이 있습니다.

어느 보고서에 의하면 가난한 부모에게서 태어난 사람이

가난을 탈출할 확률은 5%에 불과하다고 합니다.

한 마디로 부모가 가난하면 성공할 확률이 크지 않다는 것입니다.

가난한 집에서 태어나면 우선 출발선이 다르고,

교육의 질 면에서도 불리하기 때문이죠.

가난의 고통을 뼈저리게 느끼고 더욱 치열하게 노력해야

가난의 대물림을 탈출할 수 있습니다.

자신만의 슬픔과 외로움

당신에게도 다른 사람들이 알지 못하는 슬픔과 외로움이 있을 것입니다. 누구나 가슴을 아프게 찌르는 가시 하나쯤은 지니고 사니까요. 하지만 그것은 스스로 감당해야 하는 슬픔이고 외로움입니다. 다른 사람에게 자기의 슬픔과 외로움을 모두 이해받으려고 하지 말아요. 당신을 이해해 주지 않는 주변 사람들 때문에 상처받지 마세요.

그들은 당신에게 관심이 없는 것이 아니라 그저 당신의 슬픔과 외로움을 느낄 수 있을 만큼 당신의 영혼 가까이 있지 못할 뿐입니다.

당신만 느끼는 슬픔과 외로움이 당신을 더욱 성숙하게 할 것입니다.

伯夷叔齊不念舊惡 怨是以希(백이숙제불념구악 원시이희)

백이와 숙제는 서로의 악행을 들추지 않았으므로

원한을 사는 일이 거의 없었다.

당신의 마음속에는

아무에게도 말하지 못할 아픔이 있을 수 있습니다.

하지만 그것은 오로지 당신의 슬픔이고 당신의 괴로움입니다.

그렇기에 당신 또한 다른 사람의 괴로움을 알고 있을지라도

당신의 입으로 그 사람의 아픔을 떠벌이지 마세요.

내가 만족하는 꿈

우리는 사회적으로 인정받는 일을 성공시키거나 높은 지위에 오른 사람을 흔히 성공한 사람이라고 말하며 부러운 눈으로 바라봅니다. 그러나 정작 그 사람 스스로가 그 일의 성공이, 높은 지위가 행복을 주지 못하는 것이라면 그의 인생은 성공한 인생이라고 말할 수 없습니다. 자기스스로가 만족할 수 있어야 성공한 인생입니다.

남들의 부러움과 선망의 대상이 되기 위해 노력하는 것만큼 허망한 것 또한 없습니다. 다른 사람이 아닌, 당신이 행복할 수 있는 일을 하세요. 다른 사람을 만족시키는 일이 아닌, 당신이 만족할 수 있는 일을 하세요.

悅親戚之情話 樂琴書以消憂(열친척지정화 낙금서이소우)

친척들과 정다운 이야기를 즐기고
거문고와 독서를 즐김으로써 세상사를 잊는다.

자신의 일에 만족하고 그 일에 대한 성과를 행복으로 느낀다면

그는 행복한 사람입니다.

자신의 일이, 자신이 누리는 자리의 위엄이 아무리 클지라도

자신의 이상과 맞지 않는다면 그 일은,

그 자리는 자신의 행복을 가로막는 장애물일 수도 있습니다.

당신은 스스로가 행복할 수 있고 만족할 수 있는

일과 자리를 찾으세요.

당신의 눈이 향하는 곳

당신의 눈은 지금 어디를 향해 있나요?

누군가를 사랑하게 되면 갑자기 시력이 좋아진 것도 아닐 텐데 신기하게도 그가 잘 보입니다. 주변상황이 혼란스러워도, 보지 않으려고 해도 그 사람만은 명확하게 보이죠. 눈은 마음의 창이라고 하는 이유이며, 눈은 거짓말을 못하기 때문입니다.

당신의 눈은 이미 마음이 이끄는 그곳을 향해 있을 것입니다.

待目以爲明 所見者少矣(대목이위명 소견자소의)

눈에만 의지해서 사물을 보면 보는 것이 적다.

마음이 담겨있지 않은 눈으로 사물을 보면,

그것의 본질을 볼 수 없습니다.

사람을 평가할 때도 외모만을 보고 선입견을 갖게 되면,

그의 진정한 내면은 보지 못할 수도 있습니다.

당신은 사물을, 사람을, 급변하는 세상의 흐름을

마음의 눈으로 볼 수 있는 통찰력을 갖추도록 노력해 보세요.

함께 있어 주는 것만으로도 충분하다

그 사람이 힘들어하는 문제를 해결해 주는 것만이 그에게
힘이 되는 것은 아닙니다. 그저 함께 있어주는 것만으로도
그에게 큰 힘이 되어 줄 수 있습니다.

지금 힘들어하는 누군가가 있다면 그와 함께 있어주세요.
함께 고민하고, 함께 걱정하고, 함께 힘들어하는 당신이 곁
에 있어 주는 것만으로도 그는 위로를 받을 것입니다.

一尺布尙可縫 一斗粟尙可舂(일척포상가봉 일두속상가용)

한자의 옷감도 꿰맬 수 있고, 한 알의 좁쌀도 찧어 나눌 수 있다.

나눔은 마음에 따르는 일입니다.

부자들이 자선을 베풀지 않는 것은,

자신만 생각하는 독단적인 탐욕 때문입니다.

마음이 외로운 사람에게는

함께 있어주는 것만으로도 위안을 줄 수 있습니다.

당신 역시 지금 당장 나눔을 실천할 수 있습니다.

새로운 눈으로 세상을 보라

처음부터 부정적인 태도를 보이는 사람은 없습니다. 부정적인 경험과 부정적인 생각이 쌓여가면서 부정적인 태도가 습관화되는 것이죠. 부정적인 태도가 습관화되는 것을 막으려면 세상에 대한 시각을 주기적으로 초기화시켜 주어야 합니다. 시각(視覺)을 초기화시킨다는 것은 세상에 대한 자신의 생각을 처음으로 되돌린다는 것입니다. 마치 어린아이 때로 돌아간 것처럼 말이죠.

머릿속이 부정적인 생각으로 가득 차고, 세상이 어둡게만 보인다면 잠시 모든 것을 멈추세요. 그리고 새로운 시각으로 세상을 바라보세요. 세상이 신기한 것으로 가득 차 보였던 어린 시절 그때의 눈으로 말입니다.

虛室生白(허실생백)

깨끗하게 비운 방에서 구도(構圖)를 생각한다.

부정적인 목적을 갖고 일을 하면 마음도 급하고

초조하기 때문에 올바르게 일을 처리할 수 없습니다.

일이 뜻대로 이루어지지 않을 때에는

마음을 내려놓고 차분히 받아들이는 자세를 지녀야 합니다.

그래야 무엇이 옳고 무엇이 그른지, 무엇을 해야 하고

무엇은 하지 말아야 하는지 알 수 있기 때문입니다.

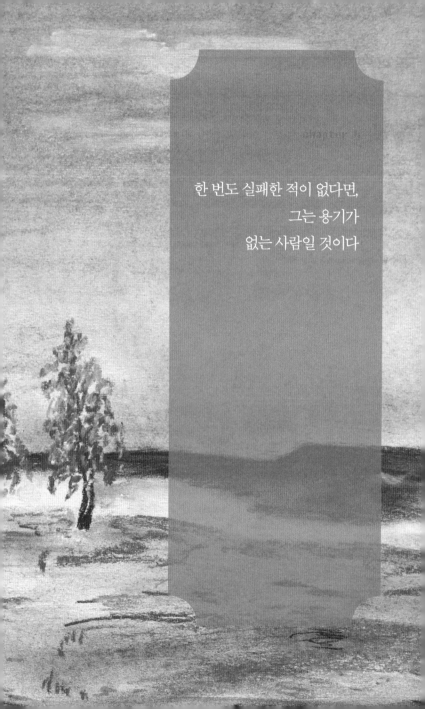

한 번도 실패한 적이 없다면,
그는 용기가
없는 사람일 것이다

간절하다면 강해질 수 있다

　지금 무언가를 이루고 싶은 간절한 마음을 지녔다면 지금이 당신의 인생에서 가장 강할 때입니다. 간절한 마음은 내 안의 잠재력을 극한까지 끌어올립니다.

　'내가 할 수 있을까.', '나는 게을러서 최선을 다할 수 없어' 하며 평소 어떤 일에 적극적으로 도전하기를 꺼려하는 소극적인 사람까지도 간절함은 변화시키는 힘이 있습니다.

　당신의 간절함은, 당신의 절실함은 당신의 소망을 이루어 줄 것입니다.

　언젠가는 간절함으로 자신의 온 열정을 다해 노력했던 순간이 인생에서 가장 아름답고 빛나던 순간이었음을 알게 될 것입니다. 그 순간이 당신의 가장 강했던 때임을 깨닫고 그리워하게 될 것입니다.

飢不擇食(기불택식)

굶주리면 음식을 가리지 않는다.

'3일 굶으면 남의 집 담을 넘지 않는 사람이 없다'는 말이 있습니다.

음식을 가린다는 것은 아직 배고픔을 참을만하다는 의미입니다.

정말 죽을 만큼 배가 고프면 음식을 가리지 않습니다.

절실하면 결행할 수밖에 없습니다.

선택의 여지가 없기 때문입니다.

아직 남아있는 무기를 보라

소중한 기회를 놓쳤나요?

괜찮습니다. 또다시 기회가 찾아올 것입니다.

꿈을 이룰 강력한 비장의 무기를 잃어버렸나요?

괜찮습니다. 여전히 꿈을 이룰 무기들이 남아 있습니다.

놓쳐버린 기회 그것을 잡지 못한 부족한 자신의 능력을 한탄하며 아쉬운 마음으로 계속 뒤를 돌아본다면 새로운 기회도, 꿈을 이룰 새로운 무기도 찾지 못할 것입니다.

잃어버린 것은 잊어버리세요. 지난 일에 대해서 미련을 갖지 마세요.

아직 당신에게 남아있을 만한 무기들을 찾아보세요. 그리고 지금 당신이 가진 것들을 더욱 갈고닦아서 다음번에는 이번 일을 거울삼아 기필코 소망하는 그 꿈을 이루세요.

十年磨一劍 (십년마일검)

십년에 걸쳐 한 자루의 검을 갈다.

당신이 목표로 하는 그 무엇을 이루기 위해서는

정성을 다해 갈고닦는 숙련의 시간이 반드시 필요합니다.

지금 행복하자

　사람이 무언가를 간절히 원한다는 것은 당연한 일입니다. 그러나 간절히 원하는 그 무엇이 있어야만 행복해질 수 있다면 그 행복은 만나지 못할 것입니다. 왜냐하면 원하는 것은 상황에 따라 달라질 수 있고 항상 새롭게 나타나기 때문이죠.

　원하는 것이 이루어지고 나면 또다시 원하는 것이 생깁니다. 그것이 이루어지면 또 새로운 것이 생기겠죠. 따라서 사람의 욕망은 만족하는 것이지 채워질 수 있는 것이 아닙니다.

　자신이 바라는 욕망이 채워져야 행복할 것이라는 생각은 '나는 절대 행복해지지 않겠다.'라는 의미입니다. 욕망이 채워질 때까지 기다리지 말고 지금 행복해지세요.

無形已至而呼天(무형이지이호천)

형벌이 정해진 후에 하늘을 원망하지 마라.

평소에 노력하지 않으면서

막상 불행이 찾아온 후에 간절한 마음으로 기도를 할지라도

이미 때는 늦었습니다.

뒤를 돌아보지 마라

자신의 선택을 확신하지 못하기 때문에 자꾸 뒤를 돌아보게 됩니다.

'내가 선택을 제대로 한 건가?', '지금쯤 멈춰야 하지 않을까?'

자신의 선택에 의문이 들기 시작한 순간부터 발걸음은 무거워집니다. 그러다 위기를 만나게 되면 모든 것을 포기하고 다시 원점으로 돌아가 버리죠.

뒤를 돌아보지 마세요. 돌아갈 길을 바라보지 마세요. 돌아갈 힘을 남겨놓지 말고 자신의 선택을 믿고 끝까지 달려가세요. 그래야만 당신이 목표로 한 지점에 도달할 수 있습니다.

無急勝而忘敗(무급승이망패)

승리에만 급급하여 패배를 잊어서는 안 된다.

세상일이 자신이 뜻한 바대로 술술 풀려나간다면

더할 나위 없이 좋겠지만 세상일이 대부분 그렇지를 못합니다.

그래서 늘 실패에 대비한 대책을 세워두어야 합니다.

왜냐하면 실패에 좌절하여 그대로 포기한다면

그것이 바로 실패이기 때문입니다.

어떤 일을 계획할 때 잊지 말아야할 것은

목표를 향한 열정과 실패에 대한 대비책입니다.

인생의 모든 순간들을 소중히

꽃은 한 순간도 같은 모습을 보이지 않습니다. 사람의 인생 또한 쉬지 않고 흘러가고 있으며 한순간도 같은 때가 없습니다.

인생은 바람 같아서 아무리 붙잡아 두려고 해도 잠시도 가만있질 않습니다. 그저 곁을 스쳐 지나갈 뿐이죠. 그래서 인생의 모든 순간들은 단 한 번만 만날 수 있습니다. 같은 순간을 다시 만나는 일은 불가능하죠. 지금 이 순간은 오직 한 번뿐입니다. 당신이 지금 고통스러운 시간 속에 있다 해도 곧 지나갈 것입니다. 또한 가장 아름다운 순간에 있다 해도 그 또한 곧 지나갈 것입니다. 모든 순간은 살아있기에 볼 수 있고 느낄 수 있습니다. 당신에게 주어지는 순간순간들을 소중히 여기세요.

一年之計在于春 一日之計在于晨

(일년지계재우춘 일일지계재우신)

일 년의 계획은 봄에 세우고, 하루의 계획은 아침에 세운다.

자기인생의 대략적인 그림이 항상 마음에 새겨져 있어야 합니다.

그 그림에 맞추어서 일을 하고, 인간관계를 맺고,

사회적인 신뢰를 쌓아야

당신이 설정한 목표를 성취할 수 있습니다.

고정관념에서 벗어나라

　근거 없는 고정관념은 없습니다. 고정관념은 과거의 성공 또는 실패의 경험이 만드는 것입니다. 하지만 고정관념을 극복해야 하는 이유는 미래에 대한 새로운 기회를 볼 수 없도록 판단을 흐리게 하기 때문입니다.

　당신에게도 과거의 실수나 실패 때문에 생긴 부정적인 고정관념이 있지 않습니까?

　하지만 과거는 과거일 뿐이며 미래는 아직 모습을 드러내지 않았습니다. 새로운 기회 앞에서 당신은 다시 새로운 사람입니다. 과거의 아픈 기억들은 이제 그만 멀리 훌훌 날려버리세요. 그리고 새로운 시간 속에서 새롭게 태어나세요.

自井中視星(자정중시성)

우물 안에서 별을 바라보다.

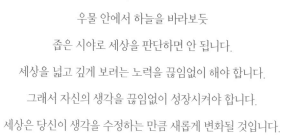

우물 안에서 하늘을 바라보듯

좁은 시야로 세상을 판단하면 안 됩니다.

세상을 넓고 깊게 보려는 노력을 끊임없이 해야 합니다.

그래서 자신의 생각을 끊임없이 성장시켜야 합니다.

세상은 당신이 생각을 수정하는 만큼 새롭게 변화될 것입니다.

마녀 사냥

　인간 역시 동물적인 본능을 지닌지라 단순히 자신의 분노를 표출하기 위해 아무 잘못도 없는 약자를 집단으로 공격하기도 합니다. 일상에서 쌓인 스트레스와 자기 삶에 대한 분노를 누군가를 공격함으로써 해소하려고 하죠. 그러나 단지 자신의 분풀이를 위해 누군가를 공격하는 것은 인격의 수준이 얼마나 비참한 수준인가를 보여주는 것입니다.

　당신만큼은 이러한 마녀 사냥에 가담하지 마세요. 인생은 부메랑과 같습니다. 누군가를 공격하면 반드시 언젠가 공격당하게 되어 있습니다.

　당신스스로 자신의 가치와 인격을 지켜내세요.

無易由言 耳屬于垣(무이유언 이속우원)

문제가 될 만한 말을 함부로 하지 말라,

왜냐하면 소인배들이 귀를 담에 붙여놓고 있기 때문이다.

말을 가볍게 사용하면 절대 안 됩니다.

말은 입에서 나오는 순간부터 새로운 모습으로 변신을 거듭한 후

날카로운 비수가 되어 회귀하는 본능이 있습니다.

말을 하기 전에 한 번 더 생각하는 신중한 습관이 필요합니다.

후회를 남기지 마라

　우리는 올바른 행동에 대해 잘 알고 있으며 또한 어떤 행동을 하면 후회하게 될지를 알고 있습니다. 그럼에도 우리가 매번 후회할 행동을 하는 것은 조금 더 용기를 내지 못하거나 절제하지 못하기 때문입니다.

　후회할 행동은 시작조차 하지마세요. 조금 더 용기를 내서 옳은 행동을 하거나 스스로 절제해서 후회할 행동은 하지마세요. 한순간 당신의 잘못된 행동이 두고두고 당신을 괴롭힐지도 모릅니다.

怵惕惟厲(출척유려)

두려워하고 위태롭게 여겨라.

항상 자신의 언행에 대하여 두려워하고

조심스러운 마음을 지녀야 합니다.

잘못한 일에 대하여 스스로 돌아보고

반성하는 마음을 갖추도록 하세요.

당신도 행복할 수 있다

누군가를 질투하는 사람의 마음속에는 '왠지 저 사람이 내 몫까지 가져간 것만 같고, 나는 저 사람처럼 행복해 질 수 없을 것' 같은 불안감이 있습니다. 그래서 친구의 성공에 진심으로 박수를 쳐주지 못하고, 친구의 행복에 진심으로 우러나오는 웃음을 짓질 못합니다. 불경(佛經)에는 질투하는 사람의 마음이 바로 지옥이라고 했습니다.

당신에게는 당신의 행복이 있습니다. 당신 또한 그 누구보다 행복해 질 수 있다는 것을 믿으세요. 이제부터는 친구의 성공에 진심에서 우러나오는 박수를 쳐주고, 친구의 행복에 진심으로 함께하는 당신이 되세요.

不速之客來(불속지객래)

초대하지 않은 손님이 찾아오다.

인생은 인과응보(因果應報)입니다.

선행을 쌓으면 도움을 주는 사람이 나타나고,

악행을 쌓으면 자신을 해치려는 사람이 나타나는 것입니다.

이러한 세상의 불변의 법칙은

오로지 자신이 만드는 것이라는 것을 명심하세요.

문젯거리를 삶에 수용하라

누구나 자신의 인생에서 이것만 사라져준다면 훨씬 더 행복해 질 수 있을 것만 같은 문젯거리가 있습니다. 자신의 의지를 약하게 만드는 그런 문젯거리로 인해 많은 사람들이 고통을 겪고 있으며 심지어 그것으로 인해 자기인생의 가능성까지도 포기하죠. 하지만 장애물이라고 생각되는 그러한 문제들을 자신의 삶에 수용해야 합니다. 부족하고 모자라고 마음에 들지 않는 그것들을 외면한 채로 성공인생을 성취할 수는 없습니다. 그러한 문제들을 온전히 자신의 것으로 받아들인 다음에야 비로소 자기 삶을 변화시킬 영감과 용기를 얻을 수 있기 때문입니다.

明夷 利艱貞(명이 이간정)

힘들 때일수록 처신을 바르게 해야 한다.

현재의 곤란함을 해결하기 위해

옳지 못한 방법으로 일을 처리하거나

요행을 바라는 마음으로 한탕주의에 빠짐으로써

다시는 돌이킬 수 없는 최악의 상황에 빠지게 됩니다.

힘들 때일수록 정당한 방법으로 그 시기를 극복해야합니다.

모든 일에 정성을 더하라

아무리 훌륭한 재료들을 갖추고 있어도 정성을 들이지 않으면 훌륭한 재료의 특성을 살린 결과물을 얻을 수 없습니다.

작은 일에도 최선을 다해야 합니다. 그럼으로써 좋은 결과를 얻을 수 있습니다. 사소해 보이는 일일지라도 정성을 더하세요. 그것이 당신의 인생에도 정성을 더하는 일입니다.

默而成之 不言而信 存乎德行(묵이성지 불언이신 존호덕행)

굳이 말하지 않아도 믿음을 주는 것은,

어진 행동, 즉 덕행(德行)에 있다.

신뢰는 정당한 행동을 쌓음으로써 얻을 수 있습니다.

그렇게 얻은 신뢰는 스스로 지키고 관리해야 합니다.

왜냐하면 신뢰는 얻기는 어렵지만

무너지는 것은 한 순간이기 때문입니다.

공든 탑은 세우는 것이 목적이 아니라

지키고 관리하는 것에 그 의의가 있습니다.

생각의 방향이 차이를 만든다

같은 조건, 같은 상황에서도 서로 다른 결과를 얻게 되는 것은 생각의 방향이 각기 다르기 때문입니다.

바다 위를 항해하는 모든 배들은 거친 비바람과 파도를 넘어야만 하죠. 하지만 같은 바람과 같은 파도를 넘고도 어떤 배들은 동쪽으로 또 어떤 배들은 서쪽으로 흘러갑니다. 그것은 키를 잡고 있는 선장의 생각이 파도와 바람의 성향을 다르게 해석하기 때문입니다.

생각의 방향, 생각의 돛대가 인생이라는 배의 방향을 결정짓습니다. 그래서 항상 자신이 어떤 생각에 집중하고 있는지 주의해야 하고 관찰해야 합니다. 부정적이고 잘못된 생각의 돛대는 파괴적인 길로 인도합니다. 상황이 어렵고 절망적일수록 긍정적인 생각에 집중하세요.

생각의 방향이 결국 큰 차이를 만들어 낸다는 것을 명심하세요.

物來而順應(물래이순응)

사물이 다가오는 대로 순조롭게 대응한다.

사람의 인생은 마치 망망대해를 외롭게 항해하는

배와 같다는 생각을 할 때가 있습니다.

배가 끊임없이 닥쳐오는 파도와

강한 비바람과 같은 장애물을 넘으며 목적지를 향해 가듯이,

사람의 일생 또한 생명이 다하는 그 날까지

수많은 문제를 풀어내며 나아가야 하죠.

그것이 사람의 숙명임을 당신은 순수한 마음으로 인정해야 합니다.

버리는 고통을 감내하라

우유부단한 사람의 문제점은 자신에게 다가온 문제 앞에서 망설이면서 그 어느 것도 선택하지 못한 채 고민거리들을 쌓아 두기만 한다는 것이죠. 그러다가 더 이상 버틸 수 없는 상황이 되어서야 부랴부랴 어쩔 수 없는 선택을 합니다. 그러한 선택이 제대로 된 선택이 될 리 없죠. 선택은 하나를 고르는 것이 아니라 하나를 버리는 것입니다. 이중선택은 없습니다. 장고 끝에 악수 둔다는 말은, 우유부단함에 아무것도 버리지 못하는 사람들을 이르는 말입니다.

버려야 할 것은 제때 버리세요. 버리는 것에 미련을 두고 피하려고만 한다면 나중에 진짜 필요하고 소중한 것을 버리게 될 수도 있습니다.

不正而合 未有久而不離者也(부정이합 미유구이불리자야)

올바르지 않은 결합은 오래가지 못한다.

사람은 살아가며 많은 유혹에 마음을 빼앗깁니다.

인간관계 또한 도덕적이지 않은 만남은 오래가지 못하죠.

현명한 사람은

올바르지 않은 것은 자기 자신을 위험으로 몰아넣는 것임을 깨닫고

그것을 자신에게서 떨쳐버리기 위해 노력합니다.

행복할 수 있는 일을 하라

불행을 감내하면서 생존하는 것은 얼마나 불행한 인생인가요?

자신이 좋아하지 않는, 최소한의 흥미조차 느껴지지 않는 일을 선택하는 것은 행복을 포기하는 것과 같습니다. 일은 생존을 위한 유용한 수단일 뿐만 아니라 일상 중 가장 많이 마음을 쓰고 가장 많은 시간을 소비하는 일입니다. 다시 말해 일은 삶과 구별되는 것이 아니라 삶 그 자체입니다. 때문에 하고 싶지 않은 일에 자신에게 주어진 시간의 대부분을 소비하면서 어떻게 행복할 수 있을까요?

스스로 행복할 수 있는 일을 하세요. 보람 있고 흥미 있는 일을 할 때, 당신은 행복과 생존 모두 잡을 수 있습니다.

十指有長短(십지유장단)

열 손가락에도 장단이 있다.

손가락은 정해진 역할이 분명합니다.

그래서 어느 손가락이 더 중요하다고 순위를 매길 수 없습니다.

사람 또한 각자의 재능이 다릅니다.

따라서 자신이 가장 잘할 수 있는 일을 할 때가

가장 행복한 것입니다.

때문에 가장 잘 할 수 있는 일을 발견하는 일은

당신의 행복을 발견하는 일입니다.

중요한 것은 상황보다는 자신이다

우리가 처한 상황은 피아노의 건반처럼 한계가 정해진 것처럼 보이지만 88개의 피아노 건반 속에는 아직 창조하지 못한 선율이 무한대로 남아있습니다. 그래서 피아니스트들은 아직 창조되지 못한 음률을 찾아내기 위해 오늘도 건반위에 손을 올려놓습니다.

중요한 것은 한계의 상황이 아니라 상황적 한계를 깨뜨릴 바로 당신 자신입니다.

당신에게는 지금의 상황을 깨뜨리고 새로운 상황을 만들 잠재된 능력이 있습니다. 상황을 당신이 원하는 모습으로 변화시키세요.

敗棋有勝著(패기유승착)

패할 것 같은 위기의 순간에 승기를 잡을 기회가 숨어 있다.

인생에서 늦은 때란 없습니다.

인생의 성패는 마음가짐으로 바뀔 수 있습니다.

하지만 대부분의 사람들이 이러한 사실을 알고 있으면서도

끝까지 자신의 결심을 이어가질 못하고 중단하는 이유는

작은 장애물에도 자기의 의지를 지켜내지 못하기 때문입니다.

당신의 인생에서 포기란 단어를 삭제해 버리세요.

지금이 적기(適期)다

많은 사람들이 자신이 살아가는 시대에 대해 불평하며 "지금은 도저히 꿈을 이룰 수 있는 시대가 아니다"고 말합니다. 그런 사람들에게 되묻고 싶습니다.

"당신이 생각하는 꿈을 이루기에 좋은 시대는 언제였나요?"

꿈을 이루기에 좋은 시대는 없었습니다. 당신의 꿈을 이루어야 하는 시대는 바로 지금의 시대입니다. 당신은 과거로 되돌아 갈 수도 또한 시간을 앞당겨 미래로도 갈 수 없습니다. 반드시 현재의 시대에서 꿈을 이루어내야만 합니다. 당신이 살고 있는 이 시대에서 당신의 꿈을 이루어내세요.

天無三日晴(천무삼일청)

사흘 연속 맑은 하늘은 없다

인생은 변화와 변혁의 순간순간이

끊임없이 이어지는 삶의 연속입니다.

자신의 삶에 불평불만이 많다면

흐린 하늘과 같이 좋지 않은 기분이 계속될 것입니다.

하지만 단순히 생각을 긍정적으로 바꿈으로써 흐린 하늘과 같던

마음은 어느새 사라지고 쾌청한 마음이 자리를 잡습니다.

시대의 불평불만 역시 이와 같습니다.

마음이 희망으로 가득하다면 당신에게 좋은 시대가 찾아온 것입니다.

스스로 지켜내라

아무리 강한 사람이라도 세상의 거친 세파에 오래 시달리면 자신의 본래 모습을 잃어버리게 됩니다. 삶의 무게에 인간미 넘치던 따뜻했던 마음은 차갑게 식어버리고, 꿈을 향한 불같은 열정은 어느덧 사라지고 세상의 유혹과 타협하게 되죠.

당신이 지니고 있는 꿈과 열정을 지켜내세요. 세상이 다시는 당신의 꿈을 향한 열정을 무시하지 못하도록 세상의 불합리와 싸우세요. 당신의 꿈을 지키는 것이, 당신의 열정을 불태우는 것이 당신다움을 지켜내는 것입니다.

得成竹于胸中(득성죽우흉중)

마음속에 완성된 대나무를 지니고 있어야 한다.

대나무를 그리기 전에 완성된 대나무 그림의 모습이

마음속에 생생하게 담겨 있어야 붓의 흐름이 막히지 않습니다.

마찬가지로 자신이 지닌 꿈 역시 흔들림이 없어야

꿋꿋하게 나아갈 수 있습니다.

완성되어 가는 시간

인정하고 싶지 않지만 분명한 것은 고통의 과정을 거쳐야만 당신은 성장할 수 있으며 완성된다는 사실입니다. 고통스러운 시간 속에서 인간은 가장 많이 성장합니다. 그 시간 속에서 겸손을, 인내를, 삶을, 인생을 배우며 모든 면에서 더 성숙한 사람이 되어 갑니다.

고통스러운 시간들을 수용하세요. 왜 하필 나에게 이런 일이 생겨났는지 분을 품어봐야 고통만 늘어날 뿐입니다. 고통의 시간을 완성을 향한 과정의 시간임을 깨닫고 받아들이세요. 먼 미래의 어느 날에는 분명 그 고통의 시간들을 웃으며 추억할 날이 올 것입니다.

十年磨一劍 (십년마일검)

십년동안 정성들여 검을 다듬는다.

전문가는

많은 실패와 온갖 실수와 잘못을 너무 많이 경험한 사람입니다.

즉 자신의 분야에서 갖은 고통을 인내한 사람이죠.

무사가 검의 고수가 되기 위해 오랜 인고(忍苦)의 시간을 참아내며

수련하듯이 자신의 꿈이 결실을 맺기 위해서는

고통을 인내하는 시간이 반드시 필요합니다.

마음의 소리를 들어라

우리는 항상 가슴속의 계산기를 두들기며 살아갑니다. 무엇이 나에게 이득인지, 손해인지를 철저히 따져가며 행동을 취하죠. 물론 이러한 행동이 이성적이고 합리적인 행동일 수 있습니다. 하지만 머리의 생각과 마음의 생각이 합의를 이루지 못할 때, 대게 마음이 외치는 소리를 외면하고 머리의 손을 들어줍니다. 하지만 머리의 손을 들어주는 것이 손해를 면하게 할 수 있을지는 몰라도 진정한 당신의 삶을 살게 해주지 못할 확률이 높습니다.

머리와 마음이 합의를 이루지 못할 때에는 당신이 진실로 원하는 것에 집중해 보세요. 그 선택이 누군가는 바보 같다고 생각할지 모르지만 결국 당신에게 행복한 인생을 선물해줄 것입니다.

總爲浮雲能蔽日 長安不見使人愁

(총위부운능폐일 장안불견사인수)

먹구름이 해를 가려버리니,

장안의 일을 볼 수가 없어 걱정이 되는구려.

그 누구도 미래를 장담할 수 없습니다.

그러기에 조급한 마음에 세상의 온갖 유혹에

쉽게 마음을 빼앗겨서 잘못된 길을 선택합니다.

마음의 소리에 귀를 기울여 보세요.

그래서 머리의 선택과 마음의 소리가 합당한 합의를 이루었을 때

선택한 그 일을 과감하게 행동으로 실천하세요.

스스로 부끄럽지 않게

어떤 목표를 희망하였지만 중도에 포기할 수도 있고 결실을 맺지 못하고 실패로 끝날 수도 있습니다. 그러나 중요한 것은 어떤 포기냐, 어떤 실패냐 하는 것입니다.

최선의 노력도, 자기의 한계를 넘어보지도 못한 포기와 실패는 얼마나 부끄러운 것인가요?

스스로 부끄럽지 않을 만큼 노력하세요. 실패했을 때에도 당신의 노력에 자부심을 가질 만큼 치열하세요. 그런 과정을 거친 사람만이 신을 원망할 자격이, 세상을 탓할 자격이 있습니다.

忘懷得失(망회득실)

마음속으로 득실을 생각하지 않는다.

아무런 이해득실을 생각하지 않는 삶을 살기란

생각처럼 쉽지 않습니다.

그러나 공정하게 일을 처리하면 스스로 떳떳할 수 있습니다.

긴 안목으로 바라보면

신뢰를 얻는 가장 빠른 길은 공정하게 일을 처리하는 것입니다.

공정하다는 것은 기본적으로

상식적인 통념에 근거해서 행동한다는 것입니다.

언제나 사랑을 선택하라

인생에는 크게 세 가지 문제가 있습니다.

누구를 믿고 살 것인가?

무엇을 하며 살 것인가?

누구와 함께 살 것인가?

이 세 가지 문제 중 가장 중요한 것은 '누구와 인생을 함께 할 것인가?'입니다. 누구와 함께하느냐에 따라 앞의 두 문제의 결과까지도 달라집니다. 그만큼 누구와 함께하느냐는 인생에서 가장 중요한 문제입니다. 함께 있으면 행복을 느끼는 사람과 함께하세요.

그 무엇도 사랑하는 사람과 함께하는 행복보다 크지 않을 것입니다.

一貴一賤交情見(일귀일천교정현)

진짜 내 사람은 내가 힘들 때 나타난다.

힘들고 외로울 때, 비로소 참다운 인정이 드러난다.

당신이 힘들고 외로울 때 당신 옆에 남아 있을 사람이

당신과 함께할 사람입니다.

당신은 당신과 함께

이 세상 마지막 날까지 함께할 사람에게 주목해야 합니다.

당신은 서로의 미래를 보듬어 주고 함께할 사람을 위해

기도를 올린 일이 있습니까?

계속 나아가라

　언제나 좋은 선택만 하고 싶은 것이 사람의 바람입니다. 그래서 고민을 거듭하여 가장 좋은 선택이라고 생각되는 것을 선택하죠. 그렇지만 기대와는 다른 결과를 얻을 때가 있습니다. 인생의 길 또한 자신은 분명 반듯하게 왔다고 생각되는데 뒤를 돌아보면 왜 그리 굽이굽이 굽어있는지….

　항상 좋은 길을 걷고 싶지만 마음과는 다르게 때로는 잘못된 선택을 할 수도 있고 때로는 자신의 선택을 후퇴할 때도 있죠. 그럼에도 중요한 것은 포기하지 않고 계속 걷는다는 것입니다.

弩弱而矢高者 激於風也(노약이시고자 격어풍야)

작은 화살이 높이 나는 것은 바람을 타기 때문이다.

항상 성공하는 선택을 하며 삶을 지속하기란 어려운 일입니다.

하지만 시대흐름에 역행하지 않는 선택이었다면

지금의 실패는 새로운 도약을 위한 경험을 쌓은 것입니다.

그 누구도 시대의 힘을 이길 수는 없습니다.

시대흐름을 파악하며 나아가야 합니다. 자신이 생각하고 선택한

그곳을 향해 꾸준히 나아가세요.

작은 화살이 목표물을 향해 높이 날아오를 수 있는 것은

바람을 타고 나아가기 때문입니다.

상식적인 도리를 다하라

좋은 사람, 좋은 성품을 갖춘 사람, 신뢰할만한 사람이라고 평가받는 일은 대단한 인격을 갖춘 사람이 아니어도 얼마든지 가능한 일입니다. 그저 사람으로서 해야 할 기본적인 도리를 다하는 것, 상식적인 예의를 지키는 것만으로도 당신을 대하는 사람들은 당신을 좋은 사람이라고 평가할 것입니다.

사람으로서 해야 할 기본적이고 상식적인 도리를 다하세요. 간혹 그렇지 않은 사람들의 유혹도 있겠지만 그래도 단단하게 마음먹고 그러한 유혹에 흔들리지 말아야합니다. 아주 단순하고 간단한 상식적인 도리를 다하는 것만으로도 당신의 가치를 높일 수 있습니다.

有基無壞(유기무괴)

기초가 탄탄하면 무너지지 않는다.

도심 한 복판에 우뚝 선 거대한 빌딩이 세워지기까지

가장 공을 들이는 곳은 외형적으로 보이지 않는 기초공사입니다.

사람 역시 기본이 바로 세워져 있다면

아무리 어려운 문제 앞에서도 흔들리지 않습니다.

예상치 못한 어려움

아무리 정교하게 목표점을 향한 항해계획을 세워도 전혀 예상치 못한 강한 바람이 불어올 수 있죠. 바람은 예상하는 것이 아니라 극복하는 것입니다.

예상치 못한 난관은 일을 수행해 나가다보면 필연적인 일입니다. 모든 것을 다 완벽하게 계산된 계획은 없습니다. 완벽한 계획을 세웠다고 착각하는 사람들은 느닷없이 찾아오는 장애물 앞에서 적당한 임기응변조차 찾지 못하여 헤매기도 하죠. 일을 수행하는 중에 닥친 문제를 해결하는 가장 좋은 대비책은 예상치 못한 어려움이 닥치더라도 맞서서 극복해 내겠다는 단단한 마음임을 기억하세요.

甚美必有甚惡(심미필유심악)

아름다움 속에는 필시 악함이 들어 있다.

'돌다리도 두드려 보고 건너라'는 속담이 있습니다.

일이 수월하게 잘 풀릴 때에는 더욱 자신의 주위를 살펴야 합니다.

자신의 언행에 교만함은 없는지, 마땅히 해야 할 일을 하고 있는지,

더욱 더 자신을 돌아보아야 합니다.

사람은 일이 수월하게 풀리고 어느 정도 안정적인 삶이 계속되면

자기가 힘들었던 시기, 자신에게 도움을 주었던 사람들을 잊고

마치 세상에 자기 밖에 존재하지 않는 것처럼

변하는 사람들이 있습니다.

과거를 잊은 사람에게

불행은 반드시 다시 돌아온다는 것을 잊지 마세요.

눈물은 공유되지 않는다

　세상사의 잔인함 중의 하나는 '슬픔은 공유하지 않는다.' 는 것입니다.

　"웃어라, 온 세상이 너와 함께 웃을 것이다.

　울어라, 너 혼자 울게 될 것이다."

　세상은 당신이 행복할 때에는 당신이 가진 행복을 공감하고 공유하기 위해 친절하지만, 당신이 불행할 때의 세상은 당신의 슬픔과 함께하지 않습니다. 행복은 공유할 수 있지만, 슬픔은 당신만의 것이기 때문입니다.

　세상 앞에서 울지 마세요. 힘들고 어려울 때라도 강하고 당당한 모습을 보이세요. 현실을 극복하기 위해 맞서 싸우세요.

　당신이 약해 보이면 세상은 당신이 편이 되어 주지 않습니다. 세상은 언제나 강자의 편에 서고 싶어 한다는 것을 명심하세요.

自飽不知人飢(자포부지인기)

자기 배가 부르면 남의 배고픔을 알지 못한다.

다른 사람의 상상할 수도 없는 고통도

자기의 작은 상처의 고통보다 아픔을 느낄 수 없습니다.

그러나 세상의 이치는

다른 사람의 마음을 얻어야 성공할 수 있습니다.

역지사지(易地思之)의 마음으로

그 사람의 입장에서 그 사람과 같은 눈높이로

세상을 볼 수 있는 마음을 지니도록 노력하세요.

높은 책임감을 원하라

　사람들은 권리는 좋아하지만 의무는 싫어합니다. 권력을 누리는 것은 좋아하지만 책임을 지는 것은 싫어합니다. 하지만 권리와 의무, 권력과 책임은 언제나 함께하며 따로 떨어져 있을 수 없습니다.

　당신이 현재의 직장 혹은 직업에서 더 높은 위치와 직급에 오른다는 것은 더 많은 의무와 책임감이 주어진다는 의미입니다. 따라서 의무와 책임감을 기피하는 태도를 갖는 것은 더 높은 자리에 오르지 않겠다는 말과 같습니다.

　더 높은 수준의 책임감을 갖기 위해 노력하세요. 당신의 지금 위치보다 더 높은 책임감으로 일한다면 머지않아 당신의 위치는 당신의 책임감에 맞춰질 것입니다.

千軍易得 一將難求(천군이득 일장난구)

수천 명의 군사는 언제나 모일 수 있지만

한 명의 장군은 구하기 어렵다.

성공하는 사람의 기본적인 요건은 어진 마음과 출중한 실력입니다.

그리고 원대한 포부를 지니고 있어야 합니다.

당신에게 그런 사람이 나타난다면 반드시 그와 함께하세요.

그가 당신의 인생을 성공으로 이끌 사람입니다.

꿈 앞에선 이기적인 인간이 되라

자기의 꿈 앞에선 이기적인 사람이 되어야 합니다. 자신의 꿈에 대하여 이기적인 사람이 되지 않으면 꿈을 지켜내기가 무척 힘이 듭니다. 현실적인 꿈은 없습니다. 현실적이지 않기에 꿈인 것입니다. 그래서 꿈은 주위의 많은 반대에 부딪힐 수밖에 없습니다. 부모의 사랑이, 자신을 아끼는 선배의 조언이 꿈을 가로막는 장애가 될 때가 있습니다. 그들은 너무나 당신을 사랑하기에 당신의 현실적이지 않은 꿈을 찬성해 주지 않습니다. 그럴지라도 당신은, 당신이 절실히 소망하는 꿈 앞에서만큼은 이기적인 사람이라는 비난을 감수하고서라도 지켜내세요.

匡衡勤學無燭(광형근학무촉)

등불이 없어도 광형은 공부를 했다.

성공하는 사람은 자신이 처한 환경에 굴복하지 않습니다.

중국 한나라의 광형이라는 사람은

기름이 없어서 등불을 켤 수 없었기에

밤이 되면 벽의 구멍을 통해 옆집에서 새어나오는 불빛에

책을 읽으며 공부를 해서 재상이 되었습니다.

꿈을 이루겠다는 의지만 있다면 못할 일은 없습니다.

진정으로 당신의 꿈을 이루고 싶다면

당신의 앞을 가로막는 장애물들을 돌파해야만 합니다.

꿈 앞에서는 이기적인 사람이 되세요.

타인의 행복은 내 인격의 거울이다

타인의 행복은 내 인격의 거울입니다. 지금 내가 행복하다고 하더라도 타인과 세상의 일에 무관심하다면 그것은 반쪽짜리 행복일 뿐입니다. 혼자만의 행복은 결코 오래 유지될 수 없습니다. 자신의 삶의 가치를 측정할 수 있는 방법은 다른 이들의 평가를 통해서 알 수 있기 때문입니다.

다른 사람의 행복에 관심을 가지세요. 그들이 당신의 도움을 필요로 한다면 진정으로 그들의 손을 잡아주세요. 그것이 당신의 행복을 지키기는 길이며 동시에 당신의 인격을 빛내는 길입니다.

無惻隱之心非人也(무측은지심비인야)

측은지심이 없는 자는 사람이라고 할 수 없다.

인간과 인간 사이에서는 인정, 즉 따뜻한 마음과

마음의 소통이 있어야 합니다.

사람의 마음향기는 반드시 흔적을 남깁니다.

함께 있으면 마음이 편해지는 사람,

남의 아픔에 진정으로 공감하는 사람,

언제나 사랑하는 마음을 간직한 사람은

타인의 마음속에 좋은 향기로 언제까지나 남아있습니다.

chapter 5

도전은
인생을
흥미롭게 만든다

약점을 극복하는 것은 욕심이 아니다

뚱뚱한 사람이 열심히 운동해서 살을 빼고 멋진 외모를 가지려 하는 것, 가난을 극복하고 돈을 열심히 모으려 하는 것, 자기 학력에 열등감이 있는 사람이 다시 공부를 시작해서 상급학교에 진학하는 것 등 자신이 갖지 못한 것을 얻기 위해 열심히 노력하는 것은 결코 욕심이 아닙니다. 아이를 갖지 못한 부부가 아이를 원하는 것이 욕심이 아니듯 자기의 약점, 열등감을 극복하려 하는 것이 어떻게 욕심이 될 수 있나요?

그러나 자신의 약점을 극복하기 위한 행동을 하지 않는 것은 부끄러운 일입니다.

幹惟畫肉不畫骨(간유화육부화골)

한간(韓幹)은 다만 살을 그릴 뿐, 뼈를 그리지 않았다.

중국 당나라 때의 화가 한간은

외부로 보이는 살만을 그릴 수 있을 뿐, 눈에 보이지 않는

뼈를 그리는 경지에는 이르지 못함을 안타까워했습니다.

그래서 자신은 진정한 명인(名人)이라고 할 수 없다고 했습니다.

당신은 자신의 일에 있어서

대체불가한 사람이 되고자 노력해 보세요.

자신의 실수와 잘못을 끊임없이 개선하고 계발하며,

충분한 시간을 투자하여 노력하다보면 언젠가 사람들이

당신을 그 분야의 전문가라고 할 날이 올 것입니다.

자기 객관화

　자기합리화는 다른 사람에게 피해를 주지 않는 선에서는 분명 필요합니다. 하지만 모든 행동을 자기위주로 합리화시켜 버린다면 경험으로부터 그 어떤 것도 배울 수 없을 것입니다. 반성과 성찰이 없는 깨달음에서는 교훈도 얻을 수 없기 때문입니다.

　올바른 반성과 성찰을 하기 위해서 필수적으로 자기객관화가 필요합니다. 세상의 중심이 자기일지라도 자기 객관화의 순간만큼은 중심의 자리에서 잠시 자기를 내려놓으세요. 그리고 타인의 눈으로 자신을 바라보세요.

人之生也直(인지생야직)

인생의 의미는 올바름을 바라보며 살아가는 것이다.

사람들은 급한 마음에 요행수를 찾습니다.

그러나 스스로 깨닫게 되죠. 올바른 마음으로 사는 삶이

행복에 이르는 가장 빠른 길이라는 것을.

인간관계 역시 역지사지의 마음을 갖고 사람들을 대하는 사람이

존중받습니다. 지나친 사욕(私慾)을 버리고

객관적인 마음을 갖고 삶을 살아가는 것이

당신의 행복을 스스로 지키는 것임을 깨달아야 합니다.

삶이 곧 희망이다

　자살을 시도하는 사람들은 죽음 이외에는 자신에게 닥친 현재의 절망을 해결할 수 없다고 판단합니다. 그래서 극단적 선택으로 삶의 포기를 결행하지만 죽음 직전, 그 찰나(刹那)의 순간에 후회를 하죠. 하지만 이미 어쩔 수 없는 일이 되어버립니다. 그러나 천만다행다행으로 극단적 선택이 실패하여 살아나게 되면, 그들은 삶에 대한 가치관이 변합니다. 살아 있다는 것이 곧 희망임을 알게 된 것입니다. 미래에 대한 희망과 가능성은 현재의 상황에 달린 것이 아니라 살아 있음에 있다는 것을 깨달은 것이죠.

　살아 있는 한 너무 늦거나 끝난 것은 없습니다. 살아 있는 한 역전의 희망은 사라지지 않습니다. 당신이 지금 살아 있다면 희망은 충분히 존재합니다.

事在强勉而已(사재강면이이)

근면의 노력을 기울이면 유리한 상황이 생긴다.

당장 자신이 꿈꾸던 세상이 보이지 않는다고 하더라도

낙심하거나 좌절하여 삶의 의욕이 스러지면 안 됩니다.

당신이 일어서야 세상을 변화시킬 수 있습니다.

삶이 곧 희망임을 명심하세요.

정말 중요한 것

남들이 부러워하는 지위에 있고 또한 많은 것을 지닌 사람이 자살을 했다는 소식을 종종 보도를 통해 듣게 됩니다. 그런 소식을 접할 때마다 누구나 부러워하고 경제적으로도 여유로운 그들이 왜 극단적 선택을 했는지 이해하지 못한 기억이 있지 않나요?

인생에 있어서 중요한 것은 차(茶, 車)의 등급이 아닙니다. 중요한 것은 차를 마시고, 차를 타는 사람의 기분이죠. 아무리 좋은 향기가 나는 차를 마시고, 아무리 비싼 차를 타고 있다 하더라도 감당할 수 없는 압박감에 괴로워하는 삶을 살고 있다면 높은 지위, 큰 재물 같은 것들이 무슨 소용이 있을까요?

돈과 높은 지위가 행복을 보장해 주는 기준이 되지 않습니다. 그러한 것들을 위해 당신의 행복을 희생시키지 마세요.

당신을 행복하게 하는 정말 중요한 것은 무엇입니까?

貪夫徇財兮 烈士殉名(탐부순재혜 열사순명)

탐욕스러운 사람은 재물을 위해 죽고, 열사는 명예를 위해 죽는다.

사람마다 각자가 추구하는 욕망이 다를 수 있습니다.

어느 사람은 재물을 모으는 것에 탁월한 재능을 발휘하여

재벌의 반열에 오르기도 하고 또 어느 사람은 높은 지위에

오르는 것을 목표로 합니다. 하지만 진정 중요한 것은

공공의 안녕과 이익을 생각해야 한다는 것입니다.

다른 사람의 희생을 필요로 하지 않는 재물,

다른 사람의 곤란을 생각하는 자신의 지위에

진정한 당신의 명예가 있습니다.

가장 지혜로운 조언자

언제나 정답은 자기 자신에게서 나옵니다. 자기보다 자신의 상황에 대해 잘 이해하고 있는 사람은 이 세상엔 없기 때문이죠. 주변 사람들의 조언은 정답을 찾기 위한 힌트에 불과할 뿐 정답 그 자체는 아닙니다. 가장 귀를 기울여 조언을 구해야 할 사람은 자기 자신입니다. 세상에서 가장 지혜로운 조언자 또한 자기 자신입니다. 답을 찾기 어려울 때 스스로 자신의 마음에 물어보세요.

당신의 마음이 당신에게 정답을 들려줄 것입니다.

前車覆後車戒(전거복후거계)

앞 수레바퀴의 전복은 뒷바퀴의 교훈이다.

우리는 앞선 사람들의 실패나 성공을

자신의 길을 가늠하는 내비게이션 역할로 생각할 때가 있습니다.

하지만 그들처럼 최선의 노력을 했음에도 실패할 때도 있죠.

그것은 상황, 여건, 조건, 시기 등이

그들의 상황과 다르기 때문입니다.

그들을 참고하되

판단과 실행은 자신의 의지와 뜻을 따라야 합니다.

당신 삶의 가장 명확하고 지혜로운 조언자는 바로 당신입니다.

외로운 사람과 함께 있어 주라

혹시, 누군가를 외롭게 하지는 않았는지 생각해 보세요. 자신의 뒷모습을 멀어질 때까지 바라보는 사람은 없는지 뒤를 돌아보세요.

당신을 위해 누군가 함께 있어 주는 것도 고마운 일이지만, 당신이 누군가의 외로움을 덜어내 주려고 함께 있어 주는 것 또한 의미 있는 일입니다.

丘也幸 苟有過 人必知之(구야행 구유과 인필지지)

내가 실수를 하면 그것을 깨닫도록 하는 사람이 있는 것은
행복한 일이다.

주위에 자신을 걱정해주는 사람이 있다는 것,

잘못한 일에 대해 진심으로 조언하는 사람이 있다는 것은

행복한 일입니다.

감사한 마음으로 그들의 충고를 받아들이세요.

또한 그들이 외로워하거나 힘들어 할 때,

그들의 곁에 함께 있어주는 당신이 되세요.

자신의 영역을 벗어나라

누구에게나 자신만의 영역이 있습니다. 또한 기본적으로 어느 정도 영역은 이미 정해져 있습니다. 대개의 경우 넓은 영역을 차지하고 있는 이들은 부모의 영역을 물려받기 때문에 자신의 영역을 더욱 넓히기에 유리한 조건을 갖습니다. 하지만 그렇지 않은 사람들은 자신의 성장시킬 적절한 재료를 얻지 못할 경우가 많죠.

자신에게 주어진 영역이 좁다는 것을 깨달았다면 스스로 영역을 넓혀야 하죠. 물론 새로운 영역으로의 도전은 힘든 일입니다. 그렇지만 좁은 영역 안에 머무른다면 영원히 자신이 원하는 만큼의 성장은 얻을 수 없습니다. 자리를 박차고 위험이 도사리고 있는 자신의 영역 밖으로 나가세요. 그래서 발길이 닿는 그 곳 모두를 당신의 영역으로 만들어 버리세요.

不如絶薪去火(불여절신거화)

끓는 물을 식히려면 장작불을 꺼야 한다.

자신의 약점을 깨닫고도

그것을 고치려는 노력을 하지 않는 사람은 진보할 수 없습니다.

어떤 일이든 더 잘할 수 있는 방법, 문제를 해결할 방법은 있습니다.

그래서 그것을 고치려는 시도를 꾸준히 해야 합니다.

당신의 능력을 끊임없이 업데이트를 하세요.

고개 들어 위를 보라

　나보다 잘난 사람, 나보다 뛰어난 사람을 바라보는 일은 자신이 얼마나 부족하고 모자란 사람인지를 새삼 깨닫는 일이기에 외면하고 싶을 때가 있습니다. 하지만 항상 자기보다 못한 사람만 보며 애써 안심하고 산다면 무슨 발전이 있을까요. 때론 열등감도 좋은 자극이 될 수 있습니다. 고개 들어 자신보다 뛰어난 사람들을 바라보세요. 그들의 성공에서 얻는 깨달음이 있을 것입니다. 언젠가 그들을 따라잡겠다고 결심하세요. 당신도 그들처럼 될 수 있습니다.

丈夫志四海 萬里猶比鄰(장부지사해 만리유비린)

장부가 큰 뜻을 품으면 만 리 길이나 떨어진 바깥세상도 이웃과 같다.

큰 뜻을 품은 사람은 할 일이 많습니다.

큰 뜻을 품고 넓은 세상을 바라보며

꿈을 향한 여정을 시작하세요.

건조한 삶에서 벗어나라

아무것도 시도하지 않는 삶은 좌절감과 힘든 삶은 없을 수 있지만 그러한 단조로운 삶에서는 배울 것이 없습니다. 이별과 좌절의 고통을 겪고 있는 사람보다 불행한 사람은 이별의 아픔도, 패배의 좌절도 겪어 보지 못한 사람입니다. 이별이나 좌절을 경험해 보지 못했다는 것은 아직 아무것도 시도해 보지 못했다는 말이니까요. 사랑과 꿈을 향해 자신의 열정을 쏟은 삶은 실패도 있고 괴로움도 있겠지만 건조한 삶보다는 더욱 알찬 인생을 만들 수 있습니다.

樂處樂非眞樂 苦中樂得來 纔見心體之眞機

(낙처락비진락 고중락득래 재견심체지진기)

즐거운 곳에서의 즐거움은 진정한 즐거움이 아니며, 고행 가운데 얻
는 즐거움이라야 비로소 몸과 마음의 진정한 기쁨을 찾을 수 있다.

열심히 일한 후의 휴식은 달콤합니다.

열심히 일한 후에 떠난 여행은 즐겁습니다.

고행(苦行) 속에 즐거움이 존재합니다.

스스로 단조로운 삶에 노출되는 것을 방치하지 마세요.

꿈이 있다는 것은 축복이다

　무언가를 간절히 원하는 것이 있다면 그것 때문에 가슴 졸이고 답답한 상황들을 감내해야 합니다. 하지만 그것으로 인해 짜릿한 성취감과 온몸을 감싸는 희열 또한 느낄 수 있죠. 자신이 꿈꾸는 것을 위해 열심히 노력하는 사람만이 느낄 수 있는 자부심입니다.

　당신을 힘들게 하는 당신의 간절한 소망들이 당신의 삶을 풍요롭게 만들어 줄 것입니다. 자신이 무엇을 절실히 원하는지를 명확히 인지하고 있음에 감사하세요.

學書如遡急流(학서여소급류)

학문을 배운다는 것은 급류를 거슬러 올라가는 것과 같다.

인생은 흐르는 강물을 거슬러 올라가는 것과 같습니다.

잠시라도 세상의 유혹에 말려들어 균형을 잃게 되면

뒤로 밀려나게 되죠. 앞으로 나아가지 않으면 뒤로 밀리는 것이

인간세상의 이치입니다.

당신이 멈춰선 곳을 주위의 사람들이 앞으로 나아가기 때문에

당신은 뒤로 밀리는 것입니다.

당신이 원하는 그 방향으로 꾸준히 나아가세요.

비싼 인생을 살자

　아무리 많은 재물을 소유하고 지위가 높을지라도 인격이 비루하다면 그의 인생 또한 비참한 것입니다. 인간의 가치는 인격으로 결정되는 것이지 사회적 성공으로 결정되는 것이 아니기 때문입니다. 사회적 성공은 그저 한 인간의 영향력을 결정지을 뿐이죠. 인격이 비천한 인간이 큰 영향력을 가진다는 것은 사회적 비극입니다. 그런 인간의 지위가 높을수록 사회에 미치는 해악 또한 커진다는 것은 우리는 역사적 사실을 통해서도 알 수 있습니다.

　비싼 인생은 높은 인격을 가진 사람의 인생입니다. 정말로 비싼 인생이 되고 싶다면 인격의 수준을 끌어올리세요. 당신이 성공하기를 많은 사람들이 기원하는 그런 사람이 되세요.

彼富我仁 彼爵我義(피부아인 피작아의)

그가 부(富)를 내세운다면 나는 인(仁)으로,

그가 높은 지위를 내세운다면 나는 의(義)로써 그를 대한다.

비록 지금의 처지가 힘들지라도

언제나 당당히고 자신감이 넘쳐야 합니다.

자연스럽게 풍겨져 나오는 자신감과 기품은

세상에 자신을 표현하는 바로미터이기 때문입니다.

언제나 온화한 눈빛과 뜨거운 가슴 그리고

값비싼 인격을 간직한 인생을 가꾸어 나가세요.

인생은 정글짐이다

　인생은 입체적으로 연결되어 있습니다. 과거의 경험이 미래의 어느 시점과 이어져 있거나 혹은 현재의 우연한 만남이 미래의 필연을 만들어 내기도 하죠. 인생은 마치 정글짐처럼 가로와 세로, 종과 횡이 서로서로 이리저리 엮이며 모양을 만들어 냅니다. 그러므로 인생을 쉽게 속단하지 마세요. 당신의 정글짐은 아직 완성되지 않았습니다. 어떤 정교한 무늬가 완성될지, 어떤 형태의 정글짐이 될지 지켜보세요. 삶의 마지막 순간이 다가왔을 때, 그 무늬의 완성을 보게 될 것입니다.

所能者 天也 其所不能者 人也(소능자 천야 기소불능자 인야)

잘 해낸 것은 하늘의 일이요,

모든 일을 잘 해낼 수 없는 것은 인간의 일이다.

현대인은 곳곳에 위험이 도사리고 있는 환경에 노출되어 있습니다.

그래서 잠시 후의 일도 알 수 없는 인간이란

얼마나 미약한 존재인가를 생각할 때가 있습니다.

당신에게 주어진 생의 시간, 후회를 줄일 수 있도록

성실하게 살아가세요.

인생이라는 게임을 즐기자

인생은 단 한 번밖에 얻지 못하는 유일한 기회입니다. 그렇다고 너무 소중하다는 생각에 몸과 마음이 움츠러든다면 인생을 제대로 살아내지 못할 것입니다. 한 번 밖에 주어지지 않은 기회이기에 자신이 지닌 모든 역량을 마음껏 분출한다면 스스로도 놀라운 성과를 볼 수 있을 것입니다.

인생을 최선을 다해 즐겨볼 만한 가치가 있는 게임이라고 생각하세요. 그리고 이 게임이 얼마나 섬세하고 정교하게 만들어졌는지, 이 게임의 엔딩은 무엇인지 끝까지 가보세요. 졌다고 생각하고 도중에 그만두는 사람은 실패자입니다. 마지막까지 살아남아서 게임을 맘껏 즐기는 사람이 승리자죠. 당신에게 주어진 인생이라는 게임을 마음껏 즐겨 보세요.

宿昔青雲志 蹉跎白髮年(숙석청운지 차타백발년)

과거에 청운의 뜻을 품었던 나였건만,

좌절을 거듭하다가 어언 백발의 나이가 되었구나.

인생은 당신에게 주어진 단 한 번의 기회입니다.

이 소중한 기회를 어떻게 보낼 것입니까?

다시 일어서는 힘

복싱 경기에서 상대방을 링에 쓰러뜨릴 수도 있고 또한 강편치를 맞고 쓰러질 수 있는 것은 정당한 경기의 룰입니다. 하지만 중요한 것은 강한 편치를 상대방에게 날리는 것이 중요한 것이 아닙니다. 강편치를 맞고도 다시 일어설 수 있느냐가 진정한 승자의 힘이죠.

그 누구도 인생의 강편치를 피할 수 없습니다. 중요한 것은 다운을 당했을 때 다시 일어설 수 있다는 믿음이 있어야 합니다. 다리가 후들거리고 눈앞이 어지럽지만 일어나면 상대방을 쓰러트릴 기회를 잡을 수 있다는 믿음이 바로 다시 일어설 수 있는 힘입니다.

다시 일어나세요. 다시 일어나서 파이팅 포즈를 취하세요. 두 발끝에 힘을 주고 상대방을 노려보세요. 상대를 쓰러트릴 기회는 반드시 다시 찾아올 것입니다.

兵戰其心者勝(병전기심자승)

전쟁에서는 반드시 이기겠다고 결심한 군대가 승리한다.

꿈을 이루어내기 위해서는 마음가짐이 매우 중요하죠.

자신감 없이 어떤 일을 시도하면 실패할 확률이 높습니다.

그리고 실패했다면 극복하겠다는 마음이 있어야합니다.

자기 자신에 대한 믿음은 다시 일어설 수 있는 가장 큰 힘입니다.

경험으로 쌓은 실력과 스스로를 믿는 자신감이

당신을 인생의 승리자로 만들 것입니다.

어려울수록 큰 꿈을 가져라

상황이 어려울수록 당장의 생존에만 집착하게 됩니다. 생존에만 집착하는 사람은, 꿈에 대해서 안정적인 삶을 갖춘 후에나 할 수 있는 것이라고 생각하죠. 하지만 어느 정도 삶이 안정되고 그 생활에 안주하다보면 그것에서 벗어나려는 생각을 좀처럼 하기가 어렵습니다. 삶이 곤란할수록, 상황이 절망적일수록 더 큰 꿈을 지녀야 합니다. 상황에 겁먹지 마세요. 더 대담하게 나아가세요. 그리고 꿈을 품으세요. 절망적인 상황이 원대한 꿈을 꾸어야 할 이유입니다.

貧視其所不取(빈시기소불취)

가난할 때 그가 취하지 않는 바를 살핀다.

위기에 처해 있거나 삶이 곤궁할 때를 살피면,

그 사람의 가치를 판단할 수 있습니다.

왜냐하면 자신의 처지가 힘들 때는

작은 유혹에도 마음이 흔들리기 쉽기 때문입니다.

자신의 처지가 곤란할 때야말로

꿈을 향한 마음을 다잡을 때입니다.

곤란한 지금의 상황에 약해지지 마세요.

꿈을 향한 당신의 질주는 계속되어야 합니다.

꿈꾸는 사람이 세상을 변화시킨다

지금 우리가 누리고 있는 사회적인 제도와 문화, 지금 우리가 일상적으로 향유하고 있는 편리한 과학 기술들은 대부분 과거 그 당시 사람들로부터 손가락질 받고 미치광이라고 취급받던 사람들의 땀으로 이루어 낸 것들입니다. 그래서 꿈꾸지 않는 사람들은 꿈꾸는 사람들에게 빚을 지고 있는 것과 같습니다.

당신도 세상을 변화시키는 사람이 되기를 꿈꾸세요. 미래에 영향력을 끼치고 후대의 행복에 기여할 수 있는 사람이 될 수 있기를 꿈꾸세요.

所見所期 不可不遠且大(소견소기 불가불원차대)

기대하는 것은 멀리 그리고 크게 바라보아야 된다.

세종대왕께서 왕의 존엄과 부귀영화를 누리려고만 했다면

한글은 탄생하지 못했을 것입니다.

이순신 장군과 많은 의병들이 자신의 목숨을 지키기에 급급했다면

지금의 우리는 대한민국의 국민이 아닐 수도 있습니다.

지금 우리가 누리는 행복과 자유는

한 때, 많은 고통을 겪은 사람들의 피와 땀으로 만들어낸 것임을

기억하세요.

계단식 성장에 적응하라

성장은 계단식으로 이루어집니다. 그래서 성장한 모습이 겉으로 확연하게 드러나기 전까지는 마치 아무 일도 일어나지 않는 것처럼 생각되기도 합니다. 예를 들어 무언가를 배워서 익숙해지는데 필요한 시간이 10시간이라면 8~9시간 동안은 자신이 기대하고 있는 모습을 보기는 어렵다는 것입니다. 심지어 10시간이 지났는데도 성과가 확연히 드러나지 않을 때가 있죠. 왜냐하면 10시간의 훈련이 내 안에서 완전히 구조화되기까지 무르익는 시간이 필요하기 때문입니다. 그래서 오랫동안 이해하지 못했던 것을 어느 날 문득 이해하게 되거나 오늘까지 해내지 못했던 동작을 다음날 할 수 있게 되는 일이 생기는 것입니다. 계단식 성장에 적응하세요. 아직 분명한 결과가 보이지 않아도 당신의 노력은 무르익고 있는 중입니다.

不積蹞步 無以至千里(부적규보 무이지천리)
한 걸음 한 걸음이 쌓이지 않으면 천리에 도달할 수 없다.

꿈을 이루고자 한다면 일단 꿈을 향한 길로 들어서서

지금 당신이 할 수 있는 일에 집중하세요.

오늘, 그것을 실천에 옮기는 것이 내일, 후회를 남기지 않는

유일한 방법이며, 오늘을 치열하게 보낸 사람만이

내일 꿈을 이룰 수 있습니다.

조용히, 묵묵하게

자신의 꿈을 당당하게 말할 자신감과 용기는 필요합니다. 하지만 그렇다고 자신의 목표와 계획들을 여기저기 떠벌리고 다닐 필요는 없습니다. 당신의 꿈이 남들이 보기에 현실적으로 이루어지기 힘든 것일수록 더욱 그렇습니다.

"현실적이지 않아", "그게 되겠어?", "네가 그것을 이루기에는 조건이 맞지 않잖아."

꿈을 향해 가는 길엔 이렇듯 대개 부정적인 말들이 많습니다.

당신의 꿈과 사자의 사냥감을 비교해 보세요. 사자가 먹이를 사냥하기 위해 발소리를 내지 않고 조심스럽게 접근하듯이 당신의 꿈을 향해 조용히, 묵묵하게 다가가세요. 당신이 꿈을 성취하는 순간, 모든 사람들이 당신의 모든 행동의 의미를 알게 될 것입니다. 굳이 당신의 꿈을 지금 당장 인정받으려고 마음을 애태우지 마세요.

處世若大夢 胡爲勞其生(처세아야대몽 호위노기생)

세상에 태어났다는 것은 큰 꿈과 같다.

이러한 인생을 무엇을 하며 살 것인가!

잠을 자며 꿈을 꾼 사실은

다른 사람에게 말하기 전에는 자신만이 알고 있는 일입니다.

자신이 바라는 소망도 이와 같습니다.

자신만의 성(城)안에 꿈을 간직하고 은밀하게 전진해 나아가세요.

당신의 마음속에 꿈의 궁전을 간직하세요.

떠나라, 모험과 위험의 세계로

영화 〈트루먼 쇼〉에서 주인공인 트루먼은 완벽하게 통제된 삶이지만 안정이 보장된 세계에서 살아갑니다. 하지만 그는 그곳에서의 탈출을 시도합니다. 그 장면을 지켜보는 관객들은 마음속으로 트루먼의 탈출을 가슴 졸이며 응원하죠. 관객들이 모험과 위험의 세계로 탈출을 시도한 트루먼이 성공하길 바라는 것은, 안정감에 중독된 삶은 위선적인 인생이될 가능성이 높다는 것을 알고 있기 때문입니다.

당신은 지금, 진정으로 하고 싶은 일을 하고 있나요?

만일 아니라면, 당신은 마음속에 간직한 꿈을 찾아 떠날준비를 해야 합니다. 현재의 안정감에서 벗어나 모험과 위험이 가득한 세계로 떠나세요. 그곳에서 진정한 자신을 발견할수 있을 것입니다.

丹靑不知老將至 富貴於我如浮雲

(단청부지로장지 부귀어아여부운)

단청에 빠져드니 늙는 것도 모르겠구나.
부귀영화는 곧 사라질 뜬구름과 같다.

당나라의 시인 두보는 피난 생활을 하며 힘들게 살고 있는

조패(曹覇)를 안타깝게 생각했습니다.

그러나 단청그림그리기에 심취한 조패는

옛날의 부귀영화보다 자신이 하고 싶은 일을 하고 사는

지금의 삶에서 비로소 자신의 행복을 찾았다고 말합니다.

당신은 진정 자신이 원하는 삶을 살고 있습니까?

지금 불행하다면 두려워할 것이 없다

자신의 삶이 불행하다고 생각한 적이 있습니까?

하루하루 불평불만을 쏟아내며 삶을 영위하는 사람이 있습니다. 하지만 그는 불행 속에 살면서도 자신의 삶을 바꿀 어떠한 행동도 시도하지 않습니다.

그가 행동을 하지 않는 이유는 행동을 함으로써 자신의 인생이 더욱 불행해질 것을 염려하기 때문이죠. 하지만 지금 불행하다면 무엇이 두려운가요?

자신이 불행하다고 생각한다면 그것을 타파할 행동을 시작하세요. 당신에게는 아무것도 두려워할 것이 없습니다. 이미 불행한 사람에게는 실패가 존재하지 않으니까요.

蒼蠅蒼蠅 吾嗟爾之爲生 (창승창승 오차이지위생)

쉬파리야, 쉬파리야. 나는 네가 살아간다는 사실에 탄식한다.

쉬파리는 상한 음식이나 쓰레기더미에서 기생하는 파리입니다.

그것들은 상한 음식 등에서 나오는 냄새를 맡지 못합니다.

오로지 더러운 곳에서 살아가는 것이 그것들의 운명이죠.

한 번 밖에 기회가 주어지지 않는 인간의 삶은

어떻게 살아야 할까요?

사람의 삶은 자신의 마음을 다스리지 못해서

늘 우왕좌왕하는 삶을 멀리해야 하며, 남을 배려하며

사랑하고 용서하는 삶을 살아야 합니다.

다른 사람의 말을 마음을 기울여 들어라

사람들 사이에서 자주 다툼이 발생하는 이유 중에는 남의 말은 잘 들으려고 하지 않고 자신의 주장만을 고집함으로써 소통이 이루어지지 않기 때문일 때가 많습니다. 때문에 원활한 소통을 위해서는 자신의 주장을 내세우기에 앞서 귀를 기울여 잘 들어주는 경청(傾聽)이 필요합니다. 그럼으로써 상대의 말뜻을 잘 이해할 수 있으며 또한 자신이 목적한 바를 잘 전달함으로써 원활한 소통이 이루어지는 것입니다.

以聽得心(이청득심)

귀를 기울이면 마음을 얻을 수 있다.

우리는 경청(傾聽)을

귀를 기울여 다른 사람의 말을 잘 듣는 것으로 생각하지만

진정한 경청은

공경(恭敬)하는 마음으로 듣는다는 경청(敬聽)의 뜻도

포함되어 있음을 알아야 합니다.

침묵 속에서 때를 기다리자

침묵 속에서 때를 기다린다는 것은 참으로 고통스러운 일입니다. 준비의 시간이 길어줄수록 인내심은 점점 바닥이 드러나기 시작합니다. 조급한 마음은 들끓어 오르고 당장에라도 전장으로 뛰어나가 그동안 갈아온 검을 휘두르며 포효라도 하고 싶어지죠. 하지만 그 기다림을 참지 못한다면 우리는 제대로 날이 서지 않은 무딘 칼을 휘둘러야 할 것입니다. 그런 칼에 무릎 꿇을 만큼 세상은 허술하지 않습니다.

괴롭고 고통스럽겠지만 인내심을 갖고 준비하세요. 검의 예기가 더욱 날카로워질 때까지 그 시간을 견디세요. 당신에게 그 검을 마음껏 휘두를 때가 반드시 올 것입니다.

至道之極 昏昏默默 (지도지극 혼혼묵묵)

진정한 도(道)의 최상의 경지는 깊고 어두운 침묵에 있다.

'혼혼묵묵(昏昏默默)'은 그윽하고 깊은 침묵을 의미합니다.

즉 '행동하다'의 반대인 침묵의 시간이 아니라,

오히려 행동의 기반이 되는

거대한 침묵의 시간을 가리키는 것입니다.

울음을 그치고 계획을 실천하라

당신이 운다고 해서 세상이 당신을 위로해주지 않습니다. 당신이 운다고 당신을 울게 한 그 무언가가 변화되지도 않습니다. 아무리 펑펑 밤새 눈이 붓도록 울어도 아무것도 달라지지 않습니다. 그러니 이제 울지 마세요. 울음을 그치고 당신의 계획을 실천하세요.

成大功者不謀於衆(성대공자불모어중)

큰 공적을 이루는 자는 여러 사람에게 자신의 계획을 말하지 않는다.

큰 뜻을 품은 사람은 비장함으로 무장되어 있기 때문에

함부로 자신의 계획을 외부로 발설하지 않습니다.

자신이 뜻한바 대로 묵묵히, 자신의 의지대로

목표한 곳을 향해 나아갑니다.

포기하기 전에 신중하라

많은 사람들이 어떤 일에 도전하기 전에 모든 경우의 수를 생각하여 그에 대한 대비책을 준비하며 도전합니다. 하지만 포기할 때는 너무나 쉽게 포기해 버리죠. 도전할 때만큼이나 포기할 때에도 신중해야 합니다. 정말로 내가 최선을 다했는지, 아직 시도해 볼 수 있는 방법이 남아 있지 않은지 깊이 고민해 보아야 합니다.

도전할 때만큼 포기 또한 신중하게 포기하세요. 성급한 도전만큼이나 성급한 포기 또한 큰 후회를 남긴다는 것을 잊지 마세요.

物之成毀 亦自有定數(물지성훼 역자유정수)

모든 사물의 성공과 실패는 자연스럽게 정해진 수순이다.

성공을 하고 싶은 마음에 최선을 다하지만 열심히 한다고 해서

누구나 성공할 수 있다고 장담할 수는 없습니다.

세상의 모든 일이 자기 뜻대로 이루어지지 않기 때문이죠.

그렇지만 세상을 살펴보는 노력까지 포함해서

내가 할 수 있는 모든 노력을 한다면 자

신에게 성공 운(運)이 작용하게 할 수는 있습니다.

성공 운이 자신에게 머물게 하는 가장 기본적인 자세는

한 번의 성공과 실패에 흔들리지 않고 초연하게 자신의 페이스대로

하루하루 최선을 다하는 것입니다.

결단을 내리기 전에

중요한 결정을 내리기 전에 우선해야 할 일은 냉철해지는 것입니다. '모든 일이 순조롭게 풀릴 거야'라는 막연한 생각이 아니라 '이런저런 위험이 있겠지만 이런저런 방법으로 극복할 수 있어.'라는 'PLAN B'가 설정되어 있는 결단을 해야 합니다. 그래서 현실을 냉철하게 직시하고 판단하여 기회와 위기를 가늠해 보았다면 '그럼에도 불구하고'라는 실천의지가 반드시 필요합니다. 올바른 결정을 하기 위해서는 냉정한 고민의 시간이 뒷받침되어야 한다는 것을 꼭 명심하세요.

知者不倍時而棄利(지자불배시이기리)

지혜로운 사람은 시기를 놓쳐 이익을 놓치지 않는다.

현재의 상황, 여론 등을 지혜롭게 판단하고 결단하여

당신에게 찾아온 기회를 놓치지 마세요.

살아내라! 험난한 인생

패배하고, 좌절하고,
실망하고, 절망하는 일.

패배하고, 좌절하고, 실망하고, 절망하는 일.

사람의 인생길에는 이런 일들이 다반사로 일어납니다. 사람을 힘들게 하는 일들은 마치 길들여지지 않은 야생동물마냥 뛰어다니면서 우리를 괴롭히죠. 그러나 정말 난감한 문제는 이 녀석들은 결코 길들여지지 않는다는 것입니다. 그것에 익숙하게 되어 적응할 때쯤이면 어김없이 다시 어려운 문제를 가져와서 또다시 괴롭힌다는 것입니다. 그래도 그것을 인내하며 살아낼 수 있는 이유는 그것을 극복할 선물 또한 가져다준다는 사실입니다.

어떡하겠어요? 아무리 험난한 인생길일지라도 내 인생인데 멋지게 살아내야죠.

月滿則虧(월만즉휴)

달도 차면 기운다.

열흘 붉은 꽃이 없고 달도 차면 기울듯이 영원한 것은 없습니다.

천하의 미인도 늙으면 평범한 할머니가 됩니다.

세상의 이치는 돌고 도는 것이기에

지금의 실패에 좌절하고 절망하지 않는 마음이 필요합니다.

마음중심을 삶의 과정에 주목해야 합니다.

좋은 결과는 과정의 결론일 뿐입니다.

지금 이 순간 당신이 할 수 있는 최선은

변함없이 그 일을 하고 있다는 것입니다.

절망의 끝을 넘어서야 보이는 것

지금 당신의 앞을 가로막는, 도저히 벗어날 수 없다고 생각하는 그 절망의 순간을 이겨내고 나서야 비로소 당신이 원하는 세상은 그 모습을 드러낼 것입니다. 어둡게만 보였던 세상이 밝게 보이는 희망의 세상은 당신 앞을 가로막은 그 절망의 장벽 너머에 존재합니다.

당신이 지금 절망적인 상황의 끝에서 괴로워하고 있다면 스스로 그것을 극복하고 그 순간을 넘어서세요. 그 너머에 있는 세상은 당신이 지금까지 보아오고 경험했던 세상과는 완전히 다른 세상일 것입니다. 그곳에서 한 단계 더 진보된 당신의 꿈을 펼쳐보세요.

攻苦食淡(공고식담)

괴로움과 싸우고 보잘것없는 음식을 먹는다.

물속에서 천 년을 참고 견뎌야 비로소 비룡(飛龍)이 되어

하늘로 승천한다는 이무기라고 불리는 동물이 용이 되어

하늘에 오르기 위해서는 괴로움의 힘든 시간을 보내야 합니다.

사람 역시 대개 성공을 하기 전에는

불편하고 부족한 생활을 합니다.

그러나 성공을 꿈꾸는 사람이라면 정면으로 맞서 이겨내야만 하는

운명 같은 시기임을 깨달아야 합니다.

다른 사람을 비난하지 말라

　인간다움이 결여된 공격적인 사람들은 자기를 변명하기 위해 아무런 잘못이 없는 다른 사람을 공격합니다. 인간 역시 동물적인 본능을 지닌지라 약자를 집단으로 공격하기도 하죠. 단순히 자신의 분노를 표출하기 위해서 또는 자신의 잘못을 덮기 위해서 말입니다. 때때로 우리들 또한 자신의 욕구불만을 누군가를 공격함으로써 해소하려고 하죠.

　인생은 부메랑과 같습니다. 누군가를 공격하면 반드시 언젠가 공격당하게 되어 있습니다. 자신의 분풀이를 위해 누군가를 공격하는 것은 자기 인격의 수준이 얼마나 비참한 수준인가를 보여주는 것입니다. 동물과 같은 수준의 인간이 되지 마세요. 인간의 가치와 인격을 스스로 지켜내세요.

不道舊故(부도구고)

다른 사람의 옛일을 말하지 않는다.

누구나 지난 과거에 잘못한 점이나 약점이 있을 수 있습니다.

하지만 그들의 약점을 다른 사람에게 이야기하는 것은

정말 옳지 않은 행위입니다.

다른 사람에 대한 비난 또한 절대 삼가해야할 일입니다.

그것이 인간관계의 기본이며 사람이라면 마땅히 행할 바른길,

즉 최소한의 도리(道理)임을 명심하세요.

소중하지 않은 순간은 없다

세계적인 사진작가 앙리 카르티에 브레송은 다음과 같이 말했습니다.

"나는 사진작가로서 항상 삶의 결정적 순간을 찍으려 노력했지만 생각해 보니, 삶의 모든 순간이 결정적 순간이었다. 소중하지 않은 순간은 없다."

천진스럽게 웃고 떠들며 보내던 어린 시절의 시간들도, 좌절감에 몸부림치고 꿈을 포기해야 한다며 괴로워하던 순간도 회상해보면 모두 소중하고 결정적 순간들이었습니다.

인간의 삶에 소중하지 않은 순간이 있을까요?

인생의 모든 순간들이 위대한 작품으로 남을만한 결정적인 순간들입니다.

冠蓋滿京華 斯人獨顦顇(관개만경화 사인독초췌)

화려한 경관이 서울 거리를 가득 채우고 있는데
오직 자신만이 초라하다.

나만 빼고 모두 잘 살고 있는 것처럼 생각될 때가 있습니다.

그래서 살고 싶은 의욕이 약해졌던 경험이 있지 않았나요?

고통 없는 삶은 없습니다.

자신만 빼고 모두가 행복해 보이는 것처럼 보이지만

실제로는 누구나 나름의 고통을 안고 살아갑니다.

문제는 그것을 바라보는 당신의 시선입니다.

마음의 초점을 자신에게 맞추어보세요.

당신에게도 행복하고 감사할 것들이 많다는 것을

깨닫게 될 것입니다.

chapter 6

인생을 사랑한다면
정성을 다하라

모든 일에 정성을 다하라

아무리 훌륭한 재료를 갖추고 있어도 정성이 깃들어 있지 않으면 재료의 훌륭함을 살릴 수 없습니다. 정성 없이 귀해지는 것은 없기 때문입니다. 세월이 지나도 새벽에 일어나서 지어주신 어머니 밥맛을 잊지 못하는 것은 어머니의 정성이 그립기 때문입니다.

정성 없이 높은 가치를 만들 수 없으며 좋은 결과 또한 기대하기 어렵습니다. 자신에게 주어진 일이 사소해 보이는 일일지라도 그것에 정성을 더하세요. 그것이 당신의 인생에도 정성을 더하는 것입니다.

切磋琢磨(절차탁마)

옥돌을 자르고 줄로 쓸고 끌로 쪼고 갈아서 빛을 내다.

아무리 뛰어난 재능의 소유자라도 그것에 마음을 다한

정성이 들어가지 않으면 빛을 발할 수 없습니다.

무엇을 이루겠다고 결심하였다면

목표와 실천에 초점을 맞추고 정성을 기울여야

당신이 기대하는 결실을 맺을 수 있습니다.

거북이처럼 느리게
달팽이처럼 천천히

다듬어지지 않은 원석이 빛나는 보석이 되기까지는 시간이 필요합니다.

그렇지만 패기만만한 당신은 아직도 갈고닦아야할 시간이 필요하다는 사실을 잘 받아들이지 못할 수도 있습니다. 그래서 누군가가 여유를 가지라는 말을 하면 조급한 마음에 벌컥 화를 내기도 하죠.

목표로 한 꿈을 이루고 싶은 마음이 아무리 급하고 간절할지라도 세상은 당신의 급한 마음의 속도에 맞추어 나아가지 않죠. 그렇다면 당신이 세상의 속도에 맞추어 보세요. 거북이처럼 느리게 달팽이처럼 천천히 꾸준하게 당신이 설정한 방향으로 나아가세요. 변화를 꾀하고자 할 때의 세상은 빠르게 지나가는 듯이 생각되어도 때가 되면 당신에게도 희망의 빛이 보이기 시작할 것입니다.

豈是池中物(기시지중물)

아마도 그는 연못 속의 용일 것이다.

당신은 하늘을 날기 위해 준비하고 있는

잠룡(潛龍)입니다.

나 자신을 먼저 이해하라

당신은 자기 자신에 대해서 얼마나 이해하고 있습니까?

자신이 무엇을 좋아하는지, 어떤 일을 할 때 가장 큰 만족
감을 느끼는지, 자신에게 가장 어울리는 옷과 헤어스타일은
무엇인지, 어떤 스타일의 이성을 좋아하는지, 당신이 어떤
생각을 갖고 세상을 살아가는지 생각해 본 적 있습니까?

정작 우리는 다른 사람의 마음을 얻기 위해 그들을 이해
하려고 노력하지만 정작 자신에게는 소홀히 하며 세상을 살
고 있지는 않습니까?

그렇다면 이제부터라도 자기 자신의 마음을 얻기 위해 노
력하세요.

세상의 그 무엇보다 가장 중요한 것은 언제나 '나'이니까요.

爲臣死忠 爲子死孝 (위신사충 위자사효)
신하가 되어서는 충성에 죽고, 자식이 되어서는 효에 죽는다.

나는 정말 누구일까요?

나는 부모님의 자식이며 한 사람의 아내이고 지아비이며

또한 자기자식의 부모이며 직장에서는 조직의 일원입니다.

또한 넓게는 국가의 일원임을 또한 잊으면 안 됩니다.

때문에 나는 나의 위치를 명확히 인식하고

그들에 대한 책임을 다하는 삶을 살아야 합니다.

내가 온전한 나로 살아갈 수 있는 이유는

그들이 나와 함께 존재하기 때문입니다.

남을 위해서도 용기를 내어 보라

　자기 자신을 위해서가 아니라 다른 사람을 위해서도 용기를 내어 보세요. 누군가를 배려한다는 것은 그 사람의 행복 혹은 그 사람의 미래를 바꾸는 일일 수 있습니다. 물론 그 사람이 당신의 배려에 감사해 하지 않거나 또는 당신이 도와준 사실을 모를 수도 있겠죠. 하지만 상관없잖아요. 당신이 한 일을 당신은 알고 있으니까요.

居之 一歲 種之以穀 十歲 樹之以木 百歲 來之以德
(거지 일세 종지이곡 십세 수지이목 백세 내지이덕)

일 년 동안 거주하려면 곡물을 심고 십 년을 거주하려면 나무를 심어
야 하며 백 년을 거주하려면 덕을 쌓아야 한다.

세상을 넓게 보는 큰 사람은

어진마음으로 주위 사람들에게 덕(德)을 쌓습니다.

남의 불행을 외면하는 사람은 큰 사람이 될 수 없습니다.

조작된 행복에 기죽지 마라

사진첩에는 대부분 행복한 사진이 진열되어 있습니다. 불행해 보이는 사진을 사진첩에 담아놓는 사람은 아마도 없을 것입니다. 그러나 사진첩 안에 진열된 모습은 인생의 극히 짧은 순간의 한 단면일 뿐이죠. 어느 누구의 삶도 항상 행복하거나 불행하지만은 않습니다.

조작된 행복에 기죽지 마세요. 누구에게나 인생은 힘든 것이니까요.

豈弟君子 民之父母(개제군자 민지부모)
즐거워하고 마음 편한 군자여, 모든 사람의 부모로다.

세상의 풍경은 때로 마음을 심란하게 흔들어놓습니다.

화를 내게 하고, 참을 수 없게 하고,

심란하게 하고, 불안하게 하고, 의심하게 만들죠.

그러나 어떤 상황에서도

스스로의 힘으로 마음의 평안을 유지해야합니다.

당신의 마음이 평안해야

타인도 당신을 편하게 대할 수 있다는 것을 명심하세요.

나만의 방식대로

자기만의 생각을 고집하는 것은 분명 문제지만 다른 사람의 방식을 맹목적으로 추종하는 것은 더욱 큰 문제입니다. 그것은 자기 인생을 사는 것이 아니라 남의 인생을 사는 것과 같기 때문입니다.

자신의 생각이 불안할지라도 일단 자신의 방식으로 살아봐야 합니다. 때로는 자신의 생각하는 방식이 잘못될 수도 있습니다. 하지만 자신의 방식이 옳은 방식이 아니라는 것을 깨닫는 것만으로도 좋은 경험이 될 수 있습니다.

다른 사람의 방식을 받아들일 때에는 반드시 자신의 방식에 융화시켜야 합니다. '자기화' 되지 않은 '남의 방식'은 자신의 상황에 제대로 적용되지 못할 수가 있습니다. 자신의 판단과 생각에 자신감을 갖고 도전해 보세요.

觀過斯知仁矣(관과사지인의)

실수를 한 후의 행동을 보면 그 사람을 알 수 있다.

누구나 실수를 합니다. 그렇지만 실수를 대처하는 모습에서

그 사람의 진면목을 알 수 있죠.

의지가 굳은 사람은 자신의 실수에서 깨달음과

반성의 시간을 갖지만 그렇지 못한 사람은 자신감을 잃습니다.

더구나 더욱 좋지 않은 행위는

자신의 잘못을 다른 사람에게 책임전가를 한다는 것입니다.

당신은 당신의 실수에 기죽지 마세요. 그

것에서 깨달음의 시간을 갖도록 하세요.

혼자라는 사실이 강하게 만든다

인간은 누구나 혼자입니다.

어느 누구도 당신만큼 당신을 알지 못합니다.

어느 누구도 당신만큼 당신을 걱정해 주지 않습니다.

어느 누구도 당신의 일을 당신만큼 고민하지 않습니다.

당신이 혼자라는 사실을 받아들이세요. 도와줄 사람은 없습니다. 스스로 당신만의 힘으로 살아내야 합니다. 혼자라는 사실이 외롭고 서글프게 느껴질지도 모릅니다. 하지만 혼자라는 사실을 받아들일 때 당신은 전보다 더 강해질 수 있습니다. 문제를 해결할 사람이 당신뿐이라는 것을 깨닫게 될 때, 당신의 능력은 진화할 것입니다.

尚不愧于屋漏(상불괴우옥루)

홀로 방에 있을지라도 부끄럽지 않도록 행동해야 한다.

혼자 있을 때에도 부끄럽지 않게 행동하는 사람이

강한 사람입니다. 남들 보는 자리에서는 잘하려고 노력하지만

혼자 있을 때 잘한다는 것은 참 어렵습니다.

자기를 이기는 사람이 가장 강한 사람입니다.

인생의 진정한 승부는 자신과의 승부입니다.

혼자 있을 때 실천하지 못하는 사람은 그 무엇도 이룰 수 없습니다.

전설적인 존재를 꿈꿔라

어느 곳에나 전설 같은 사람들은 존재합니다. 자기 전공과는 전혀 상관없는 분야에서 최고가 된 사람, 화려한 학벌이나 주변의 도움 없이 자수성가한 사람, 도저히 극복할 수 없을 것 같은 장애를 이겨낸 사람들.

그들은 신화속의 인물들이 아닙니다. 주위를 살펴보면 그런 사람들은 의외로 너무나 흔해서 때로는 스스로를 부끄럽게 만듭니다.

어쩌면 당신도 그런 사람 한 명쯤은 알고 있지 않나요?

당신이라고 그런 전설 같은 사람들이 못될 이유가 없잖아요? 당신도 누군가에게 전설 같은 사람이 되도록 노력해 보세요. 언젠가는 당신 역시 대단한 사람이었다고 칭송을 들을 날이 올 것입니다.

跂而望矣 不如登高之博見也 (기이망의 불여등고지박견야)

발돋움해서 보는 것은 높은 곳에 올라 넓게 보는 것만 못하다.

큰 성공을 바란다면 스스로 삶에 대한 근본적인 철학을 세우고,

삶의 목적과 존재이유를 발견해야 합니다.

그래야 자신에게 가장 적합한 정답을 찾아낼 수 있습니다.

큰 도약을 위해서는 잘못된 습성이나 생각 등을

뿌리부터 완전히 교체하는 것이 좋습니다.

가치치기만으로는 안 됩니다.

어떤 일을 반드시 이루고자 할 때에는 일의 뿌리를 보고

본질적인 면을 완전히 탈바꿈함으로써

보다 큰 변화를 이루어낼 수 있습니다.

즐겁게 사는 것이 최고의 복수다

당신을 괴롭힌 사람들, 당신을 미워하는 사람들에게 할 수 있는 최고의 복수는 즐겁고 행복하게 사는 것입니다.

그들을 향한 복수의 마음을 가슴에 담고서 괴로운 삶을 사느라고 당신이 바라는 인생의 계획들을 놓쳐 버린다면 그것은 그들의 전략에 말려든 것입니다.

그들이 무엇을 하건, 당신은 여전히 행복하게 잘살고 있다는 모습만 보여주세요. 당신의 웃음소리에 그들은 참기 어려운 질투심으로 고통스러워할 테니까요.

당신을 무시하는 사람들에게 할 수 있는 최고의 복수는 당신의 행복입니다.

福莫長於無禍(복막장어무화)

복(福)은 화(禍) 없는 생활 속에 있다.

축복받은 사람의 인생은 큰 병에 걸리지 않고,

불행한 사고 없이, 화목한 가정이 유지되기에

평안(平安)하여 마음에 여유가 있으므로

남을 배려하며 살아가는 삶입니다.

당당하고 아름다운 마지막을 위해

　마지막에 웃는 자가 승리자라는 말이 있듯이 인생의 마지막 모습이 인생 전체의 모습을 대변한다고 해도 과언이 아닙니다. 세상에 태어난 사람이라면 누구도 예외 없이 마지막 날을 맞이할 것입니다. 그 날, 당신의 모습은 어떠할 것 같습니까?

埋骨不埋名(매골불매명)

뼈는 묻어도 이름은 묻지 않는다.

육체는 사라져도 이름은 남습니다. 때문에 자신의 이름에

책임지는 무거운 마음으로 인생을 살아야 합니다.

자신이 하는 일이 후세에 조금의 도움도 주지 못하는

하잘 것 없는 일이라고 생각하는 사람들이 있습니다.

그러나 누구의 삶의 모습도 후손에게 도움을 주고 있는 것입니다.

환경미화원은 후손들이 깨끗한 곳에서 살 수 있도록

하고 있는 것이며, 정성껏 음식을 준비하는 어머니들은

후손들이 건강하게 살아갈 수 있도록 해주고 있는 것입니다.

우리 모두는 궁극적으로 후손을 위해서 일하고 있는 것입니다.

인생에 미안하지 않도록

꿈을 간직하고 그것을 이루는 일은 매우 힘든 과정을 요구하는 일입니다. 끊임없이 자신의 꿈을 가로막는 장애물을 만나기 때문이죠. 하지만 자신의 꿈을 이루기 위해 시도해볼 수 있는 기회조차 주지 않는 것은 자신의 인생에게 미안한 일이 아닐까요?

자신의 인생에 미안하지 않도록 기회를 주세요. 너무 힘이 들어서 끝까지 가는 것이 도저히 어렵다는 생각이 든다면 자신의 인생에게 미안하지 않을 만큼이라도 시간을 주세요. 그 누구도 아닌 당신자신을 위해서 말이에요.

爲山九仞 功虧一簣 (위산구인 공휴일궤)

아홉 길의 높은 산을 만드는데,
한 삼태기의 흙 때문에 공이 무너지게 된다.

오랫동안 노력을 했더라도

마무리를 짓지 않으면 일의 결실을 볼 수 없습니다.

마지막 한 삼태기의 흙을 올려놓지 않으면

산은 완성되지 않습니다.

일을 하다 보면 고생을 많이 했는데도 불구하고

결실이 없는 경우가 생깁니다.

포기할까라는 생각이 드는 그때가 바로 성공하기 직전입니다.

포기하겠다는 약한 마음이 생길 때마다 한 삼태기의 흙을

쌓는다는 생각으로 자신에게 주어진 일을 해보세요.

미래는 미래가 보이지 않는데도 불구하고 자신의 미래를 믿고

굳건하게 걸을 수 있는 힘에서부터 시작됩니다.

인생의 모든 계절을 즐기자

빨리 어른이 되고 싶어서 어른 흉내를 낸 기억이 있을 것입니다. 그러나 어른이 되면 어깨를 짓누르는 무거운 책임감에 꿈이 많던 청춘시절을 그리워하죠. 황혼의 노인이 되면 날이 갈수록 기력이 떨어지는 스스로를 깨닫고는 의욕적으로 일을 하던 시절을 절실하게 그리워합니다. 결국 사람은 어느 시기에도 만족하지 못하는 것이죠. 지금 당신은 어느 시기에 머물러 있나요?

당신이 어떤 시기에 있건 그 순간을 즐기세요. 다른 시기, 다른 계절을 그리워하며 불평하지 마세요. 지금 당신의 시기, 당신의 계절을 즐기세요.

彰往而察來(창왕이찰래)

과거를 살펴서 미래를 대비하다.

미래가 궁금하다면 과거를 살펴보세요.

인생은 끊임없이 과거에서 배우며 살아갑니다.

그렇기에 자신이 과거를 잘 살펴서

자신의 미래를 볼 수 있는 혜안이 필요합니다.

자신이 바라는 것이 극적인 개선으로

갑자기 이루어지는 인생은 없습니다.

다시 시작하기

　지금까지 해온 것을 버리고 처음부터 다시 시작한다는 것은 무척이나 괴로운 일입니다. 지금까지의 노력이 모두 허사가 되어버리는 것 같아 두렵기 때문이죠.

　하지만 우리는 다시 시작해야 할지도 모른다는 생각이 든 순간, 다시 시작하는 것이 답이라는 것을 이미 알고 있습니다. 다시 시작한다고 해서 지금까지 해온 것이 사라지지 않습니다. 경험 속에서 우리가 배우고 느껴온 것들은 결코 사라지지 않기 때문이죠. 두려워하지 말고 다시 시작하세요.

覆水定難收(복수정난수)

옆질러진 물은 다시 주워 담지 못한다.

'옆질러진 물은 다시 주어 담을 수 없다'는 속담이 있습니다.

이 속담에는 '신중히 처신하라'는 교훈이 담겨있습니다.

하지만 세상을 살아가다보면 철저한 계획을 수립하고

일을 시도하였지만 실패할 때가 있습니다.

그러나 실패했다고 해서

옆질러진 물처럼 다시 주어 담을 마음마저 포기한다면

기회는 다시 찾아오지 않을 것입니다.

자신이 희망하는 것을 쟁취할 유일한 방법은

다시 시작하는 것입니다.

다시 시작해야 다시 세울 수 있다는 것을 명심하세요.

삶의 방향과 속도를 조절하는 책

초판 1쇄 인쇄 2020년 08월 15일
초판 1쇄 발행 2020년 08월 20일

지은이   서동식
펴낸곳   함께북스
펴낸이   조완욱
등록번호   제1-1115호
주소   412-230 경기도 고양시 덕양구 행주내동 735-9
전화   031-979-6566~7
팩스   031-979-6568
이메일   harmkke@hanmail.net

ISBN   978-89-7504-744-2 (04320)

배려가 흐르는 세상은
아름답습니다

당신도 세상을 아름답게 만들 수 있습니다

BOOKS

나에게 보내는 말의 선물

사봉이 지음

Beautiful

새로운 시작은
나를 안아 영원히 읽다

가장 아끼고 소중한 사람의
인생 앞에
놓아주고 싶은 책!

영원히 살 것처럼 배우고
내일 죽을 것처럼 살아라

영원히 살 것처럼 배우고 내일 죽을 것처럼 살아라

마빈 토케이어 지음 | 주덕명 엮음

Today is
yours to
shape
create a
masterpiece

TO DO LIST
— TRAVEL THE WORLD
— BUY NEW PLANTS
— OR NOT 51

가장 아끼고
소중한 사람의
인생 앞에
놓아 주고 싶은 책!

함께
BOOKS